Wilhelm Klingenberg kennt Tibet wie kaum ein anderer. Jahr für Jahr reist er in dieses geheimnisvolle Land, besucht auf eigene Faust berühmte Klöster und heilige Berge, schwer erreichbare Meditationshöhlen und geheimnisvolle Seen. Er geht alten Pilgerwegen nach und kennt das Leben der Yak-Hirten. Mit jeder Reise geriet er mehr und mehr in den Bann dieser einzigartigen Zivilisation: Hier entstand das großartige Lehrgebäude des tibetischen Buddhismus. Hier hielt sich auch, abgeschirmt von der übrigen Welt, bis in die Mitte unseres Jahrhunderts ein archaisches Feudalsystem, in welchem Machtstreben und Hinterlist ebenso zu Hause waren wie Gemeinsinn und Redlichkeit.

Viel zu lange hat Tibet versäumt, sich seinen Platz in der modernen Welt zu suchen, die Zeitumstände trugen nicht unwesentlich dazu bei. Heute wird dem Land von einem wiedererstarkten China die nationale Selbständigkeit verweigert. Noch ist der Selbstbehauptungswille der Tibeter ungebrochen, noch lebt die alte ruhmreiche Kultur, noch bleibt die religiöse und ethnische Identität des Landes bewahrt. Das vorliegende Buch vermittelt einen lebendigen Eindruck vom heutigen Tibet, aber es führt auch ein in die Eigenheiten und Entwicklungen der Geschichte.

insel taschenbuch 1860
Wilhelm A. Klingenberg
Tibet

Wilhelm A. Klingenberg

# **TIBET**

Erfahrungen auf dem Dach der Welt
Mit farbigen Fotografien
Insel Verlag

insel taschenbuch 1860
Erste Auflage 1997
Originalausgabe
© Insel Verlag Frankfurt am Main und Leipzig 1997
Alle Rechte vorbehalten
Bildnachweise am Schluß des Bandes
Vertrieb durch den Suhrkamp Taschenbuch Verlag
Umschlag nach Entwürfen von Willy Fleckhaus
Satz und Druck: MZ-Verlagsdruckerei GmbH, Memmingen
Printed in Germany

1 2 3 4 5 6 – 02 01 00 99 98 97

# Inhalt

| | |
|---|---:|
| Land und Leute | 11 |
| Die heilige Stadt Lhasa | 18 |
| Geschichte und Religion | 38 |
| Ein Wanderritt zum Qomolangma | 56 |
| Abenteuer am Goldsandfluß | 67 |
| Der weite Weg zum Kailas | 84 |
| Zwischen Samye und Ganden | 107 |
| Der junge Karmapa | 135 |
| Drigung Mandala | 149 |
| Eine Pilgerfahrt zum Orakelsee | 161 |
| Ein Abschied von Tibet | 192 |
| Bildnachweis | 198 |

**Mönchsschüler im Kloster Drepung in der Nähe von Lhasa**

Freund, so du etwas bist,
so bleib doch ja nicht stehn:
man muß von einem Licht
fort in das andere gehn.

*Angelus Silesius:*
Cherubinischer Wandersmann

# Land und Leute

Wenn man sich Tibet auf einer Landkarte von Asien anschaut, so liegt es wie in einer flachen Schüssel auf dem großen, schwach gekrümmten Bogen des Himalaja. Auch nördlich des Himalaja erstrecken sich Gebirge, deren Gipfel jedoch nur ganz vereinzelt über 7000 Meter hinausgehen. Unter ihnen zeichnet sich am deutlichsten der parallel zum Himalaja verlaufende Transhimalaja ab, wie er von Sven Hedin genannt wurde. Zwischen dem Himalaja und dem Transhimalaja erstreckt sich das Tal des Tsangpo. Dieser gewaltige Fluß entspringt ganz im Westen, in der Gegend des heiligen Berges Kailas, er bahnt sich schließlich ganz im Osten einen Weg durch den Himalaja nach Süden, wo er als Brahmaputra den Indischen Ozean erreicht.

Man darf sich den Himalaja nicht als unüberwindliche Wasserscheide zwischen dem nördlich gelegenen tibetischen Hochland und dem südlich davon gelegenen indischen Subkontinent vorstellen. Überall gibt es Flüsse, die in tiefen Schluchten das Hochgebirge von Norden nach Süden durchbrechen. Denn der Himalaja ist ein erdgeschichtlich junges, immer noch emporwachsendes Gebirge, in das sich die Flüsse um so tiefer eingegraben haben, je höher der Gebirgswall anstieg.

Tibet ist durchschnittlich 4000 Meter hoch. In seiner Ausdehnung läßt es sich vergleichen mit Westeuropa. Klimatisch begünstigt ist die Gegend um den mittleren und unteren Lauf des Tsangpo zusammen mit dem Einzugsgebiet des von Norden kommenden Kyi chu. Etwa 80 Kilometer vor seiner Einmündung in den Tsangpo liegt Lhasa, die größte Stadt Tibets und seit dem 17. Jahrhundert die Residenz der Dalai Lamas. Lhasa ist die Hauptstadt der tibetischen Provinz Ü. Westlich schließt sich die tibetische Provinz Tsang an mit Shigatse als Hauptstadt, der zweitgrößten Stadt Tibets. Im äußersten Westen liegt die Provinz Ngari mit dem Hauptort Ali. Der Name Ali ist aus Ngari abgeleitet. Auf chinesisch heißt der Ort Shiquanhe. Hier liegt der Kailas. Östlich von Ü schließt sich Kham an mit Chamdo als Hauptstadt. Im Nordosten schließlich liegt die bereits stark sinisierte Provinz Amdo.

Die Lebensbedingungen in Zentraltibet sind recht günstig, es gibt dort ausreichend Niederschläge. Die Kette des Himalaja stellt keine unüberwindliche Barriere für den Monsunregen dar, der im Sommer von Südosten her gegen das Gebirge anbrandet. Im Sommer erhält Lhasa soviel Niederschläge wie Mitteleuropa das ganze Jahr über. In den übrigen Jahreszeiten ist es ausgesprochen trocken, nur selten bildet sich im Winter eine dicke Schneedecke. Man erntet Gerste und Weizen, Kartoffeln und vielerlei Gemüse. In den Gärten blüht es wie in Mitteleuropa.

Tibet galt immer als verschlossenes Land. Das hatte aber nicht in erster Linie geographische Gründe, sondern es war eine politische Entscheidung der Regierung. So stellt der Himalaja kein unüberwindliches Hindernis für den Verkehr und den Handel dar. Es gibt zahlreiche gut begehbare Pässe. Über den Himalaja kam auch das wichtigste geistige Gut des Landes, der Buddhismus. Heute ist wegen der ungelösten Grenzfragen zwischen China und Indien der Süden Tibets nur von Nepal aus zugänglich. Katmandu ist mit Lhasa durch die sogenannte Straße der Freundschaft verbunden.

Mindestens ebenso wichtig wie die Verbindungen mit

**Eine Khampafrau auf dem Barkhor in malerischer Tracht**

Indien sind die Verbindungen mit China. Eine historische Karawanenroute führt von der Provinz Sichuan im Osten Tibets bis nach Lhasa. Die chinesische Volksbefreiungsarmee drang auf diesem Wege in den Jahren 1950 und 1951 bis nach Lhasa vor. Auf dieser Route gibt es keine durchgehenden öffentlichen Verkehrsmittel. Erdrutsche und Überschwemmungen behindern den Verkehr. Für Ausländer ist dieser Weg im allgemeinen gesperrt. Als militärische Nachschubroute hat er jedoch große Bedeutung.

Wichtige Verkehrsverbindungen führen auch von Lhasa nach Nordosten. Hier verläuft der direkte Weg nach Xian, der Hauptstadt Chinas während der Tang-Dynastie. Damals hieß die Stadt Changan. Unter der Mongolendynastie wurde Peking die Hauptstadt Chinas. Der Weg dorthin führte ebenfalls über Xian. Auf dieser Route gelangt man auch in die Mongolei: Seit die Mongolen im 16. Jahrhundert durch den dritten Dalai Lama zum Buddhismus bekehrt wurden, hat sich die Bedeutung der Nordostroute noch erhöht. Hier entstand auch in den vergangenen zwanzig Jahren die wichtigste Straßenverbindung zwischen Tibet und dem Kernland von China, eine reichlich 1100 Kilometer lange Straße von Lhasa zu der Stadt Golmud im Zentrum der Provinz Qinghai. Diese Straße hat gegenüber der Straße nach Chengdu den Vorteil, daß sie kaum durch Erdrutsche gefährdet ist, ganz abgesehen davon, daß sie weniger als halb so lang ist wie die Straße nach Chengdu.

Golmud ist eine moderne chinesische Stadt. Sie ist an das chinesische Eisenbahnnetz angebunden. Eine etwa tausend Kilometer lange Strecke führt von Golmud, vorbei am Nordufer des großen Binnensees Koko Nor, über Xining bis nach Lanzhou, der Hauptstadt der Provinz

Gansu. Lanzhou ist eine wichtige Station an der legendären Seidenstraße.

Handels- und Verkehrswege gab es von Zentraltibet aus auch nach Westen. Sie folgten im wesentlichen dem Tal des Tsangpo flußaufwärts bis in das Gebiet des Kailas. Dort erreicht man dann den oberen Indus oder, wenn man sich weiter südlich hält, die Nordwestprovinzen Indiens. Heute allerdings ist die Grenze geschlossen.

Seit der Besetzung Tibets durch die chinesische Volksbefreiungsarmee wurden aus militärischen Gründen neue Straßen und Brücken gebaut und so große Teile des Landes dem motorisierten Verkehr erschlossen. Dies hat die gesamte Wirtschaft Tibets verändert. Wo man früher auf Karawanen angewiesen war, können heute die Produkte relativ schnell und bequem auf Lastwagen transportiert werden. Auch für die Menschen ist das Reisen einfacher geworden. Die traditionellen Pilgerfahrten zu weit entfernten Zielen werden heute großenteils auf der Plattform eines Lastwagens absolviert.

Seit 1985 können Ausländer Tibet auch mit dem Flugzeug erreichen. Im Tal des Tsangpo bei dem Ort Gongkar, etwa 20 Kilometer flußabwärts von der Einmündung des Kyi chu, ist ein moderner Flughafen für große Düsenflugzeuge entstanden. Nach Chengdu, der Hauptstadt von Sichuan, gibt es täglich mehrere Verbindungen. Mit Ausnahme der Wintermonate gibt es auch zweimal wöchentlich Flüge nach Katmandu.

Nach Tibet mit dem Flugzeug einzureisen ist sicherlich bequem, vorausgesetzt, man kann es vertragen, unvermittelt von so niedrig gelegenen Orten wie Chengdu oder Katmandu auf eine Höhe von 3600 Metern transportiert zu werden. Im allgemeinen ist es jedoch besser, sich der Höhe allmählich anzupassen. Dafür bietet sich die Einreise mit dem Bus über Golmud an, das bereits 3200 Meter hoch gelegen ist. Auf dem Weg nach Lhasa muß man zwar zwei hohe Pässe passieren, darunter den 5180 Meter hohen Tanggula La an der Grenze zwischen der Provinz Qinghai und der Autonomen Region Tibet. Von da ab geht es dann schnell wieder abwärts, man gelangt in die herrliche Landschaft Zentraltibets, was einen alle Strapazen vergessen läßt.

Ebenso wie es für den Körper bekömmlich ist, sich Tibet behutsam zu nähern, so ist es auch für die Seele besser, sich für die Begegnung mit Tibet Zeit zu nehmen. Kaum jemandem wird es möglich sein, gänzlich auf moderne Transportmittel zu verzichten. Aber man sollte doch versuchen, Land und Leute nicht nur oberflächlich von den bequemen Sitzen eines Landcruisers aus kennenzulernen mit einem komfortablen Hotelzimmer im Hintergrund. Es braucht Zeit, bis man in diese Welt ein wenig eindringt, man sollte daher wiederholt nach Tibet reisen.

Und dies nicht allein wegen der einzigartigen Kulturlandschaft, sondern besonders wegen der Menschen. Trotz ihres harten Lebens lachen sie gerne, sie kommen dem Fremden offen entgegen. Was immer das Leben zu bieten hat, es wird gerne angenommen: Feste, Liebe, Tanzen und Trinken. Noch mehr beeindruckt den Besucher die weitverbreitete Frömmigkeit, die sich in zahllosen Gebetsübungen äußert, in Zutrauen an gelehrte Mönche, in großzügigen Gaben an die geistlichen Einrichtungen. Als Buddhisten sind die Menschen davon überzeugt, daß gute Taten zu einer besseren Wiedergeburt beitragen können. Wie immer man zu diesem Glauben stehen mag, jedenfalls stellt er eine Lebenshilfe dar, wie man sie sich besser kaum vorstellen kann.

Der kulturelle Einfluß Chinas war in Tibet schon immer groß. In den Adelskreisen schätzte man chinesische Delikatessen und chinesische Seidenstoffe. Selbst der ärmste Tibeter mochte nicht auf den Ziegeltee verzichten, der auf langen Wegen aus Sichuan herangeschafft werden mußte. Daß Tibet sich überhaupt gegenüber dem mächtigen Einfluß der chinesischen Hochkultur behaupten konnte, verdankt es neben seiner geographischen Lage dem lebendig gehaltenen Buddhismus.

# Die heilige Stadt Lhasa

Von Kindheit an ist mir der Name Lhasa vertraut. Nie hätte ich mir träumen lassen, einmal dorthin zu kommen. Es war der Hauptort des geheimnisvollen Tibet, den niemand ohne Gefahr für Leib und Leben betreten durfte. Selbst dem erfahrenen Schweden Sven Hedin gelang es nur, bis nach Shigatse vorzudringen; dort wurde ihm die Weiterreise nach Lhasa untersagt. Um so mehr Bewunderung verdienen die wenigen, denen es dennoch gelang, Lhasa zu erreichen.

Ich nenne hier den exzentrischen Engländer Thomas Manning, der 1811/12 einige Monate in Lhasa als Arzt verbrachte. Zwei französische Lazaristen-Pater, Huc und Gabet, konnten von Xining her kommend 1846 die Stadt erreichen, wurden dann aber umgehend wieder ausgewiesen. Als Pilger verkleidet schlug sich der Japaner Ekai Kawaguchi 1901 bis nach Lhasa durch. Die Tibeter, die ihm dabei behilflich waren, kamen ins Gefängnis und wurden gefoltert. Es war die große Ausnahme, daß der Engländer Charles Bell 1920 auf Einladung des 13. Dalai Lama in diplomatischer Mission nach Lhasa reisen durfte, wo er sich ein Jahr lang aufhielt. Als Pilger verkleidet erreichte die Französin Alexandra David-Néel 1922 unerkannt die Stadt. Nach dem Tode des 13. Dalai Lama gaben die Regenten einigen wenigen Forschern und Wissenschaftlern offiziell die Erlaubnis, Tibet zu besuchen, so dem Deutschen Ernst Schäfer im Jahre 1939 und dem Italiener Giuseppe Tucci im Jahre 1949. Die beiden aus einem Internierungslager in Indien geflohenen Österreicher Peter Aufschnaiter und Heinrich Harrer konnten nur unter größten Schwierigkeiten im Januar 1946 Lhasa erreichen, wo ihnen erst nach einigem Zögern Asyl gewährt wurde.

Nach der Besetzung des Landes durch die chinesische Volksbefreiungsarmee blieb das Land weiterhin für Ausländer verschlossen. Erst Anfang der achtziger Jahre wurde es vorsichtig für hochzahlende Reisegruppen geöffnet. Jedoch, im luxuriösen Holiday Inn von Lhasa untergebracht zu sein, stets unter der Aufsicht chinesischer Reiseführer, immer genau das zu tun, was diese sich ausgedacht haben, das liegt mir nicht. Ich ziehe es vor, als Rucksackreisender alleine unterwegs zu sein. Das erfordert Zähigkeit und Erfindungskraft. Um alles muß man sich selber kümmern: Fahrgelegenheit, Schlafmöglichkeit, Essen. Sicherlich, als Einzelreisender braucht man mehr Zeit, als wenn man in einer Gruppe ein durchorganisiertes Programm absolviert. Aber man hat in der Gruppe doch meist seine Landsleute um sich. Es ist fast unmöglich, sich abzusondern und einmal ganz in die fremde Welt einzutauchen, die einen umgibt.

Hinzu kommt, daß man als Rucksackreisender kaum die Ressourcen seines Gastlandes beansprucht. Man benutzt öffentliche Verkehrmittel anstelle von für kostbare Devisen importierten Geländewagen. Man verzichtet auf Komfort beim Schlafen und Essen, den man nur zu Lasten der ärmeren Bevölkerung haben kann. Aber deshalb braucht man nicht zu leiden. Im Gegenteil, man stellt sich ungewohnten Herausforderungen. Und es gibt kaum etwas Schöneres, als sich ihnen gewachsen zu zeigen.

Die Erfahrung hat mich gelehrt: Wenn man von zu Hause losfährt, um auf eigene Faust Lhasa zu erreichen, dann kann man niemals sicher sein, daß dies auch gelingt. Das Einreisevisum nach China jedenfalls berechtigt nicht automatisch zu einem Besuch Tibets.

Anfang September 1988 erreiche ich Golmud mit der Bahn. Ich komme aus Tianjin, wo ich an der Nankai-Universität Gastvorträge gehalten hatte. Hier wird sich entscheiden, ob ich nach Lhasa fahren darf. Niemand von meinen chinesischen Kollegen hatte mir eine Chance gegeben, daß mein Plan, Tibet zu besuchen, gelingen würde; dort hätte es doch erst kürzlich wieder Unruhen gegeben. Hiervon ganz abgesehen, verstehen sie es überhaupt nicht, daß jemand den fernen Westen ihres Landes besuchen will – dort leben doch nur Barbaren.

In meinem Hotel hat auch der Chinese International Travel Service sein Büro. Als es um zehn Uhr öffnet, empfängt mich eine freundliche junge Dame. Ich erzähle ihr von meinem Wunsch, Lhasa zu besuchen. Ich käme gerade von der Nankai-Universität, wo ich Vorlesungen gehalten hätte. Jedermann in China kennt diese Universität, weil der vergötterte Zhou Enlai dort studiert hat. Sie hört mir aufmerksam zu und sagt dann: Don't worry. Um 16 Uhr solle ich wiederkommen. Ich kann es kaum fassen. Gibt es also vielleicht doch einen Permiß für Einzelreisende?

Nachmittags überreicht mir die junge Dame dann die schriftliche Erlaubnis, eine Fahrkarte für den Linienbus Golmud–Lhasa erwerben zu dürfen. Für einen foreign expert müsse sie das ja tun, meint sie lächelnd. Ich könnte ihr vor Glück um den Hals fallen! Gleich eile ich damit zum Busbahnhof und kaufe mir für morgen eine Fahrkarte zum Preis von etwa 32 Mark.

Die Abfahrt ist auf zehn Uhr angesetzt. Als alle Passagiere schon eine halbe Stunde vorher auf ihren Plätzen sind, geht es los. Ich bin der einzige Ausländer im Bus. Da wir schon morgen abend in Lhasa sein wollen, haben wir zwei Fahrer, die sich abwechseln. Einer von beiden kann sich immer vorne auf zwei einander zugekehrten Sitzen ausruhen.

Die Straße steigt zunächst geringfügig an. Wir fahren durch eine Wüste. In der Ferne zieht eine Kamelkarawane nach Süden. Mittagsrast ist in Naij Tal in einer kleinen schmutzigen Gaststätte. Dann beginnt der Aufstieg zum 4873 m hohen Kunlun-Paß. Der Bus hält noch einmal, und ein stattlicher Tibeter mit einer riesigen altmodischen Flinte steigt aus, hinter ihm seine junge Frau – es könnte auch seine Tochter sein. Sie folgt ihm zögernd auf dem Weg zu seiner einsamen Wohnstatt in den Bergen. Dort dient die Waffe zur Abwehr plündernder Wölfe und zur Jagd.

Mit dem Überschreiten des Kunlun-Passes verlassen wir das abflußlose innerasiatische Becken. Wir erreichen das Hochland von Tibet. Es gehört zu den abgelegensten Gebieten der Erde. Ähnlich wie die Arktis und die Antarktis ist es noch kaum verschmutzt. Durch die hier entspringenden großen Flüsse, Salween, Mekong und Yangzi, ist es jedoch mit den am dichtesten besiedelten Gebieten der Erde verbunden – einsam und verlassen braucht man sich also nicht zu fühlen!

Nachdem wir die Wasserscheide zum Einzugsgebiet des Tsangpo überquert haben, wird das Bild freundlicher. Die Hügel tragen einen Schimmer von Grün. In den Flußniederungen weiden riesige Yak- und Schafherden. Der Himmel ist blau mit einigen weißen Wolken. Hohe, schneebedeckte Gipfel erscheinen am Horizont.

Nachmittags erreichen wir das breite Tal des Kyi chu, und bald darauf taucht vor uns der Felsen mit dem Potala auf. Welch ein Anblick! Die Tibeter im Bus entblößen ehrfurchtsvoll ihr Haupt, ich tue es ihnen nach. Mit seinen 130 m Höhe über der Talebene beherrscht das Bauwerk die gesamte Umgebung. Weder der Radiomast auf dem gegenüberliegenden Hügel, wo einst das Medizinkolleg stand, noch die moderne Chinesenstadt mit ihren breiten Straßen können der majestätischen Überlegenheit dieses Gebäudes etwas anhaben. Ich kenne keine Stadt, die derart von einem einzigen Bauwerk dominiert wird.

Gegen 18 Uhr hält der Bus am Fuß des Potala. Nach der Ortzeit ist es noch fast zwei Stunden früher. Die Höhe, 3650 m, macht mir kaum zu schaffen. Aber ich fühle mich unendlich schmutzig. Auf meinem Rücken klebt der Rucksack, dessen unterer Teil ganz von Bier durchtränkt ist. Meinem Hintermann im Bus waren während der Fahrt die Bierflaschen vor seinen Füßen zerbrochen.

Mit weichen Knien mache ich mich auf den Weg zum Yak Hotel. Ich laufe die große, von Westen nach Osten verlaufende Straße Dekyi Shar Lam entlang, die zwischen den Hügeln Chakpo Ri mit dem Antennenmast und Marpo Ri mit dem Potala hindurchführt und den nördlichen Teil der Altstadt durchschneidet. Sie wurde erst unter den neuen Oberherren gebaut. Ihr mußte das Stadttor mit dem großen Chörten zwischen den beiden Hügeln weichen. Erst im Jahre 1995 wurde im Zuge der Neugestaltung des Platzes vor dem Potala hier wieder ein Chörten – allerdings in verkleinertem Maßstab – errichtet.

Außer dem Yak Hotel gibt es in der Nähe der Altstadt noch drei weitere einfache Hotels, die von den Rucksackreisenden bevorzugt werden: Das Snowlands, das Kirey und das Banak Shol. Reisegruppen hingegen werden im allgemeinen im Holiday Inn untergebracht. Es liegt weit weg von der Altstadt. Man muß auf der großen Straße zurück nach Westen gehen, am Potala vorüber, und dann noch einmal so weit. Dort hinten bekommt man nichts davon mit, wenn etwa in der Altstadt demonstriert wird. Die Straße vor dem Yak Hotel war immer wieder Schauplatz blutiger Auseinandersetzungen. Im Sommer 1993 wurden durch eiserne Geländer die Bürgersteige von den Radwegen und diese wiederum von der Fahrstraße in der Mitte getrennt. Das geschah in aller Eile nachts, nachdem es Anfang Juni dort wieder einmal zu Demonstrationen gekommen war. Durch die Geländer lassen sich die vorbeiflutenden Menschenmassen unter Kontrolle halten.

Bei jedem meiner Besuche in Lhasa habe ich im Yak Hotel gewohnt, das im Laufe der Jahre komfortabler wurde. Ein WC ersetzte den primitiven Abort, die Matratzen und Steppdecken wurden sauberer, die Räume innen hübsch mit tibetischen Mustern dekoriert, die Sitzgelegenheiten auf dem großen Innenhof wurden bequemer. Hier spielt sich das gesellige Leben ab. Auch die Bewohner der anderen preiswerten Hotels in der Nähe kommen gerne her, denn hier kann man immer das Neueste erfahren. Selbst Gäste des Holiday Inn besuchen den Innenhof, um der sterilen Atmosphäre ihres Hotels für ein Weilchen zu entrinnen. Immer ist jemand mit Wäsche beschäftigt an dem langen Zementtrog, über dem eine Reihe von Wasserhähnen angebracht sind. Morgens verspeist man den Yoghurt von der alten Frau vor dem Hoftor und frisches Brot vom Markt. Das recht ordentliche chinesische Bier in 0,7-Liter-Flaschen schmeckt zu jeder Tageszeit. Bis tief in die Nacht, die hier erst spät anbricht, sitzen Freunde einer guten Haschisch-Zigarette in munterem Gespräch beieinander. Den Stoff dazu erhalten sie von muslemischen Händlern auf dem Markt.

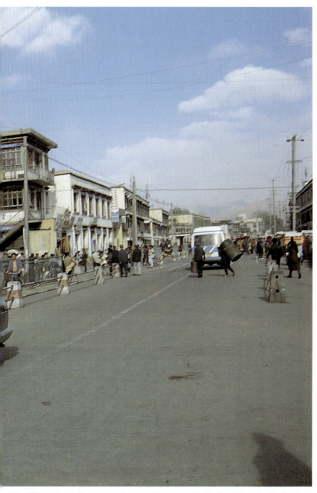

Die Hauptstraße von Lhasa, die vom Fuß des Potala-Palastes nach Osten in den nördlichen Teil der Stadt führt

Warmes Essen bekommt man in den zahlreichen kleinen Restaurants längs der Straße, die meist von Chinesen betrieben werden. Erst in letzter Zeit haben auch die Tibeter das Geschäft für sich entdeckt. So hat Tashi, die jahrelang als Helfer in allen Lebenslagen für das Yak Hotel arbeitete, zwei Restaurants eröffnet. Aus der ganzen Stadt kommen Ausländer zu Tashi, um bei wohlschmeckenden Momos und Cheese Cake über Gott und die Welt zu reden, über bestandene Abenteuer und neue Pläne.

In den ersten Tagen nach der Ankunft in Lhasa sollte man nicht zu viel unternehmen. Es braucht Zeit, bis sich der Körper wirklich an die Höhe gewöhnt hat. Dann beginnen die dünnere Atmosphäre, der Blick auf die Berge und das intensive Licht sich auf Leib und Seele auszuwirken, man schmiedet neue Pläne. Schön, man hat Lhasa erreicht, aber was ist das schon im Vergleich etwa zu einer Reise zum heiligen Berg Kailas, den man in drei Tagen als Pilger umrundet? Oder einem Besuch des Basislagers des Qomolangma, wie man hier den Mount Everest nennt? Oder eine Pilgerfahrt zum geheimnisvollen Orakelsee? Man wird unruhig, man möchte weiter. Doch das ist leichter gesagt als getan. Zum einen liegen die Traumziele zumeist in Gebieten, die von den Sicherheitsbehörden zu Sperrzonen erklärt worden sind. Wenn man nicht den riskanten Versuch machen will, illegal dorthin zu fahren, braucht man einen Erlaubnisschein, der nicht so leicht zu bekommen ist und auch eine Menge Geld kosten kann. Zudem gibt es für eine Reise in die abgelegenen Gebiete meist keine öffentlichen Verkehrsmittel. Oder wenn es sie gibt, so sind diese womöglich für Ausländer nicht zugelassen. Man kann versuchen, einen Lastwagen zu erwischen, aber das ist schwierig, oft auch nicht erlaubt. Kurz und gut, es ist immer eine Herausforderung, von Lhasa aus größere Touren zu unternehmen. Aber noch ist man ja in Lhasa.

Fromme Tibeter nehmen große Strapazen auf sich, um hierher zu kommen. Hier befinden sich der berühmteste Tempel Tibets, der Jokhang, und der Potala, der allerdings heute eher ein Museum ist als das geheiligte Gehäuse für die geistliche und weltliche Macht der Dalai Lamas. Es gibt zahlreiche kleine Tempel in Lhasa, es gibt die drei konzentrischen Umgehungswege Nangkhor, Barkhor und Lingkhor um den Jokhang. Und es gibt in der Nähe die drei großen Klöster der Gelug-Schule, Ganden, Sera und Drepung. Also genug, um mehr über Tibet zu erfahren. Hinzu kommen die zahlreichen Feste. Tibeter feiern für ihr Leben gern, in Lhasa und seiner Umgebung bekommt man immer etwas geboten.

Ich muß gestehen, daß ich anfangs den Besuchen in Tempeln und Klöstern wenig Geschmack abgewinnen konnte. Um sie zu würdigen, braucht man einige Kenntnisse aus der Geschichte und Religion Tibets, die ich mir erst nach und nach aneignete. Was mich hingegen sogleich ansprach, das waren die Landschaft und die Menschen. Auch für mich hat es so etwas wie einen »gestuften Weg zur Erleuchtung« gegeben, wie der Titel des Hauptwerks von Tsong Khapa lautet. Das Buch »The Power-Places of Central Tibet. The Pilgrims Guide« von Keith Dowman fiel mir erst während meiner fünften Tibetreise in die Hände. Ich glaube, vorher hätte es mir wenig sagen können. Aber da hatte ich einen Punkt erreicht, wo ich, ganz auf mich selbst gestellt, einem alten Pilgerweg durch die Berge folgen wollte.

Abends laufe ich noch zu dem großen Platz vor dem Jokhang. Vor dem verschlossenen Portal vollziehen fromme Pilger ihre Prostrationen, Hände und Knie sind durch Lappen geschützt. In zwei großen Weihrauchöfen wird aromatisches Gestrüpp verbrannt. Wenn man sich nach links wendet, gelangt man auf den Barkhor, den mittleren Umgehungsweg, der neben dem Jokhang auch noch ein paar kleinere Tempel umfaßt. Es gilt als verdienstvoll, ihn im Uhrzeigersinn zu durchlaufen.

Die meisten Verkaufsstände zu beiden Seiten des Barkhor sind um diese Zeit bereits geschlossen. Neben Devotionalien, die meist aus Nepal stammen, bieten sie auch Stoffe, Bekleidung und vieles andere mehr an. Viele der Händler sind Chinesen.

Die Verwaltung bemüht sich, die Altstadt zu modernisieren. So wurden im Laufe der Jahre alle Gassen mit großen Quadern belegt, damit man nicht bei jedem Regenguß in Schlamm versinkt – bei Trockenheit wirbelt der Wind nicht mehr soviel Schmutz auf. Schlimm hingegen ist, daß alte Gebäude an vielen Stellen – auch am Barkhor – abgerissen und durch moderne ersetzt werden, die nur noch wenig gemeinsam haben mit der traditionellen tibetischen Architektur. Bereits 1984 wurden ganze Häuserblocks abgerissen, um vor dem Jokhang einen großen freien Platz zu schaffen, der überhaupt nicht ins Stadtbild paßt. Das Dorf Shöl am Fuße des Potala soll demnächst gänzlich verschwinden. Ich fürchte, das alte Lhasa ist zum Untergang verurteilt.

Überall in der Altstadt treiben sich herrenlose braungelbe Hunde herum. Viele haben Geschwüre und ein räudiges Fell. Tagsüber dösen sie vor sich hin und sind gänzlich harmlos. Nachts jedoch hört man in einem fort ihr Kläffen, als ob sich verschiedene Rudel bitter bekämpfen. In den unbeleuchteten Seitenstraßen können sie dann für einen Fußgänger gefährlich werden. Am besten, man hat einen Stock dabei oder einen Stein.

**Individualverkehr auf dem Dach der Welt: eine Tibeterin, mit dem Motorroller unterwegs**

Besonders zahlreich versammeln sich diese Hunde immer in der Nähe von Klöstern. Dort werden sie von frommen Tibetern gefüttert. Man glaubt, sie seien in ihrem früheren Leben Mönche gewesen. Damals waren sie nicht fromm genug und deshalb sind sie als Hunde wiedergeboren. In letzter Zeit wurden zahlreiche Hunde getötet, meist nachts, um die Gefühle der frommen Tibeter zu schonen.

Der Kyi chu fließt am äußeren Stadtrand vorüber. Er ist ein gewaltiger Fluß. Gegen Überschwemmungen sind Dämme errichtet. In der Höhe des Potala liegt die Jarmalinka-Insel, die Diebsinsel. Man erreicht sie über eine mit Gebetsfahnen geschmückte schmale Hängebrücke. Hier ist ein beliebter Picknickplatz. In Gewächshäusern reifen Tomaten. In diesen Tagen feiern die Tibeter ihr traditionelles Badefest auf der Insel. Sie ziehen sich völlig aus und waschen ihre Kleidung. Während die Wäsche schnell am Ufer in der Sonne trocknet, tummeln sie sich im Fluß. Auch das wird sich ändern. Die Pläne der Stadtverwaltung sehen vor, daß hier und auf der benachbarten Neuen Insel ausländische Investoren Baugelände angeboten bekommen.

Ein anderes großes Sommerfest ist das Shodon, das Joghurt-Bankett. Früher durften im Sommer die Mönche für einige Zeit ihr Kloster nicht verlassen. Das Ende dieser Periode wurde mit Joghurt gefeiert, wozu später Opernaufführungen im Norbulinka, der Sommerresidenz des Dalai Lama, kamen. Im Sommer 1990 war ich dabei. Wie alle Feste in Tibet wird es nach dem Mondkalender ausgerichtet.

Seit dem frühen Morgen ist ein Pendelverkehr mit Bussen zum etwa 6 km westlich der Stadt gelegenen Kloster Drepung eingerichtet. Dort wird traditionsgemäß bei

Sonnenaufgang ein riesiger Thangka auf einem Hang neben dem Kloster ausgerollt. Ganz Lhasa strömt dorthin, um der Zeremonie beizuwohnen.

Ich besteige einen Bus. Zu spät bemerke ich, daß er nicht nach Drepung, sondern nach Sera fährt, 4 km nördlich des Potala. Nun gut, Sera wollte ich auch noch einmal besuchen. Mich wundert nur, daß heute so viele Leute dorthin wollen. Da muß doch etwas Besonderes los sein. Ich hatte bisher immer nur gehört, daß man heute nach Drepung fährt wegen des großen Thangka.

Als ich langsam in der Menge der Besucher im Klostergelände bergauf gehe, spricht mich ein junger Tibeter auf englisch an. Er stellt sich als angehender Arzt vor. Er wird von seiner Frau, einer Lehrerin, begleitet. Sie erklären mir, daß hier heute mittag um zwölf vor dem Haupttempel ein großer Thangka gezeigt werden soll. Es sei das erste Mal, daß dies hier in Sera anläßlich von Shodon geschehe.

Der große Vorplatz vor dem Tempel füllt sich mit Besuchern. Als Sitzgelegenheit holen sie sich hinten vom Hof Baumstämme, die dort als Brennholz lagern. Über schmale Treppen steigen wir auf das Dach eines Seitengebäudes. Von hier haben wir eine vorzügliche Aussicht.

An der Vorderfront des Tempels ist ein hohes Bambusgerüst aufgerichtet, weit höher als der Tempel. Von ihm laufen Taue mit bunten Gebetswimpeln zu den Dächern des Nachbargebäudes. Auf dem Vorplatz wird ein Opferfeuer entzündet aus würzigem Wacholdergesträuch. Dann tragen Mönche den aufgerollten Thangka herbei und legen ihn unten vor das Gerüst. Die Oberkante des Thangkas wird mit von oben über das Gerüst hinabhängenden Seilen verknüpft.

In der ersten Reihe nehmen die hohen Würdenträger des Klosters Platz. Da gibt es einen Zwischenfall: Vorne, vor dem zusammengerollten Thangka, taucht plötzlich ein alter bärtiger Mann in Mönchskleidung auf, den Oberkörper halb entblößt, und vollführt einen wilden ekstatischen Tanz, wie ein Besessener. Ich kann es hier oben nicht hören, vielleicht schreit er auch, jedenfalls ist sein Mund weit aufgerissen. Er scheint sich im Trancezustand zu befinden, wie man es von einem Orakelpriester beschreibt. Aber er ist hier offenbar nicht erwünscht, unter heftigem Widerstand wird er von mehreren Mönchen von der Bühne gezerrt.

Langsam wird der Thangka von den auf dem Dach des Tempels stehenden Mönchen hochgezogen. Manchmal klemmt er, da die Seile nicht immer gleichmäßig stark gespannt sind. Das Bambusgerüst, über dessen Oberkante die Seile laufen, schwankt bedenklich. Aus der Menge werden unzählige Khatags, das sind weiße Ehrenschleier, nach vorne geworfen. Sie sind verknotet, damit sie sich überhaupt werfen lassen. Dann ist es geschafft, der riesige Thangka mit dem Bild des Sakyamuni, des historischen Buddha, hängt vor dem Haupteingang des Tempels und überragt ihn beträchtlich.

Während der ganzen Zeit laufen Kameramänner herum, die die Zeremonie für das Fernsehen aufnehmen. Zum Schluß erscheinen die Vertreter der Regierung. Von rechts kommen mehrere Männer und verbeugen sich vor dem Thangka und vor den versammelten Äbten. Die meisten tragen Zivil und sind Chinesen. Aber dann ist darunter auch ein hochgewachsener, jugendlich wirkender Tibeter in seiner heimatlichen Kleidung, der sich mit großem Aplomb mehrmals vor dem Thangka niederwirft. Es ist Phagpalhba, ein hochrangiger Tibeter in der Regierung. Phagpalhba ist ein bedeutender Tulku, d.h. eine Reinkarnation. Die damit verbundene Verehrung durch die Tibeter genießt er auch weiterhin, selbst wenn er inzwischen zum dritten Mal verheiratet ist und augenscheinlich eher weltliche als geistliche Ziele verfolgt.

Mit dem Bus kehre ich wieder zurück nach Lhasa, um nach kurzer Mittagspause nach Drepung weiterzufahren. Als ich auf der Straße unterhalb Drepung aus dem Bus steige, kommen die Menschen bereits vom Kloster herunter, offenbar ist die Feier beendet. Ich gehe dennoch den weiten Weg zum Haupteingang hoch. Links und rechts unter den licht gepflanzten Bäumen zwischen den Bächen sitzen Menschen in kleinen Gruppen beim Picknick. Jetzt kann ich erkennen, daß der Thangka bereits wieder eingerollt ist.

Da ich nun einmal hier bin, will ich jedenfalls die Klostergebäude von Drepung besuchen. Hier gab es einmal zehntausend Mönche, es war das größte Kloster Tibets. Am Ende der Kulturrevolution war es fast vollständig zerstört. Inzwischen sind eine ganze Reihe von Gebäuden wieder aufgebaut, aber mehr als fünfhundert Mönche leben hier nicht. Ich werde von einem gutaussehenden Tibeter angesprochen, etwa 40 Jahre alt. Er sei Khampa, erzählt er mir, und zu Fuß von seinem Heimatort Markam im Distrikt Chamdo hergekommen. Drei Wochen sei er unterwegs gewesen. Er zeigt mir die Narben an seinen Handgelenken. Das hätten die Chinesen getan. Sie hätten ihn vor drei Jahren in Lhasa bei antichinesischen Demonstrationen festgenommen und lange mit Handschellen eingesperrt. Dann vertraut er mir an, daß er von hier aus weiter nach Westtibet und dort heimlich die Grenze nach Indien überschreiten wolle, um in Dharmsala dem Dalai Lama seine Reverenz zu erweisen. Ich solle das ganz für mich behalten. So erfahre ich etwas von dem Druck, unter dem hier Menschen leben, wahrscheinlich sehr viele

Menschen. Aber kaum einmal werden sie mir davon etwas erzählen.

Mein Begleiter ist sehr fromm und sehr gewissenhaft bei der Ausübung der Rituale in den verschiedenen Tempeln. Ich versuche, es ihm nachzutun, so gut ich es kann. Zumindest will ich seine Gefühle nicht verletzen. Wir erreichen den oberen Teil des Weges, auf dem man den ganzen Klosterbereich umwandern kann. Beim Abstieg besuchen wir Nechung, wo sich früher der Sitz des Staatsorakels befand.

Vor dem Tempel wird Chang, das hausgebraute Bier der Tibeter, in Halbliterflaschen angeboten. Mein Begleiter kauft davon, also auch ich. Aber nicht etwa um davon zu trinken, vielmehr gehen wir mit unseren Flaschen an den verschiedenen Altären vorbei und füllen etwas von unserem Chang in die dort aufgestellten bauchigen Metallkannen. Für die Götter, oder auch vielleicht für die Mönche?

Einmal müssen wir ein bißchen länger laufen von einem Altar zum nächsten, und ich denke mir, daß ich ja auch mal einen Schluck aus der Flasche nehmen könnte. Ich bin durstig, und warum immer nur die Götter. Mein Tibeter hat das beobachtet, er kommt zurück und bedeutet mir energisch, daß ich von nun an aus diesem entweihten Gefäß nichts mehr als Opfergabe ausgießen dürfe. Es tut mir leid, ich habe es nicht gewußt, er wird mir diesen Fauxpas ja wohl nicht weiter übelnehmen. Draußen dann vor dem Tempel brauchen wir uns keinen Zwang mehr anzutun, wir kaufen jeder einen Liter, den wir mit niemandem zu teilen brauchen.

Die vielen guten Werke meines Begleiters werden schon bald belohnt. Wir treffen eine gut gekleidete Frau. Sie sei auch aus dem Distrikt Chamdo, erzählt er mir. Sie sei wohlhabend und nicht zu Fuß, sondern mit dem Bus hierher gekommen. Wir setzen uns am Wegrand in den Schatten. Ich habe den Eindruck, daß die beiden sich gut verstehen. Er sieht ja auch gut aus. Da ihm warm ist, entledigt er sich seiner Jacke. Darunter erscheinen muskulöse Arme und ein überraschend sauberes kurzärmeliges rotes Hemd. Ich glaube, ich bin hier jetzt überflüssig. Mit den besten Wünschen verabschiede ich mich und fahre zurück nach Lhasa.

Im Sommer 1994 sind die jahrelangen Renovierungsarbeiten am Potala abgeschlossen. In ganz China wird ausführlich darüber berichtet. Es heißt, damit werde dem tibetischen Volk ein großartiges Geschenk gemacht.

Die Tibeter jedoch hatten die Arbeiten am Palast des Dalai Lama mit gemischten Gefühlen beobachtet. Es mußte etwas getan werden, daran bestand kein Zweifel. Vor einigen Jahren hätte ein Kurzschluß beinahe zu einer Katastrophe geführt. Aber was hier geschah, das kam einer Entweihung des Potala gleich, denn es wurde zu einem bloßen Museum umgebaut. Bei den Arbeiten wurden zahlreiche heilige und wertvolle Kultgegenstände nach Peking geschafft, wo sie dazu herabgewürdigt sind, das kulturelle Erbe des Mutterlandes China zu repräsentieren.

Die Einweihungsfeierlichkeiten finden unter strengen Sicherheitsvorkehrungen statt. Auf ihrem Höhepunkt werden, zum ersten Mal seit der Flucht des Dalai Lama vor 35 Jahren, wieder zwei große Thangkas an den unteren Außenmauern entrollt. Für einen Augenblick vergessen die gläubigen Tibeter ihre Ohnmacht gegenüber den neuen Oberherren und werfen sich vor den heiligen Bildern in den Staub. So hinterläßt dieser Tag bei den meisten von ihnen ein zwiespältiges Gefühl.

Natürlich wollten die Regierenden mit dieser Geste die Frömmigkeit der Tibeter für ihre Zwecke ausnutzen. Man sollte sie aber deshalb nicht tadeln. Vielmehr sollte man hoffen, daß die bislang geduldete Religionsausübung nicht erneut wieder behindert wird. In den vergangenen Jahren konnten zahlreiche religiöse Gebäude in privater Initiative und mit privaten Mitteln wieder errichtet werden. Auch aus dem Ausland wurde hierfür gespendet. Allerdings achten die Sicherheitsbehörden streng darauf, daß sich aus den religiösen nicht nationale Aktivitäten entwickeln. Da Religion und nationale Identität für die meisten Tibeter eng miteinander verknüpft sind, fühlen sich die Behörden immer wieder veranlaßt, das religiöse Leben zu reglementieren.

Wiederholt habe ich die für ausländische Gruppen arrangierte Besuchstour des Potala absolviert. Man wird zu einem an der Rückseite des Palastes gelegenen Eingang hochgefahren und braucht dann beim Durchwandern des labyrinthartigen Gebäudes nur bergab zu gehen. Dabei muß man sich an den frommen Tibetern vorbeidrängen, die sich in der rituell vorgeschriebenen Richtung bergauf bewegen, bei der die Heiligtümer rechter Hand zu passieren sind. Mit einer Ausnahme sind hier die Dalai Lamas vom 5. bis zum 13. in goldenen und mit Edelsteinen übersäten Chörten beigesetzt. Bei ihrem Anblick empfand ich eher Neugier als Ehrfurcht. Die Ausblicke von den Terrassen auf das Tal und die Berge hingegen entzückten mich jedesmal aufs neue.

Als ich im Sommer 1992 dort war, hörte ich den rhythmischen Gesang junger Tibeter und Tibeterinnen, die im Takt dazu eine neu eingezogene Lehmdecke feststampften. Ich konnte sie von einem Oberlicht aus beobachten. Von dem Text zu der eingängigen Melodie verstand ich immer nur das Wort Potala. Vielleicht ist ja dem renovierten Gebäude noch ein Hauch von Heiligkeit verblieben, durch den es über ein bloßes Museum hinausgehoben wird. Was die Präsenz des Potala über das bebaute Tal des Kyi chu angeht, so ist diese ungebrochen. Trotz aller Veränderungen ist Lhasa immer noch eine heilige Stadt.

# Geschichte und Religion

Die tibetische Zivilisation hat ihren Ursprung im Yarlung-Tal, ein sich von Süden nach Norden erstreckendes Gebiet, das bei Tsetang in das Tsangpo-Tal einmündet. Funde aus neolithischer Zeit bezeugen eine frühe Besiedlung.

Am Ortsrand von Tsetang, der drittgrößten Stadt Tibets, ragt der Sodang Gampo etwa 800 Meter steil aus der Tsangpo-Ebene hervor. In diesem Felsen findet sich die Höhle, in der der Legende nach die ersten Tibeter gezeugt wurden. Jedes Kind kennt die Geschichte: Ursprünglich war Tibet nur von Geistern bewohnt. Da beschlossen Chenrezig, der Bodhisattva der Barmherzigkeit, und seine Begleiterin, die Göttin Drölma, das Land zu bevölkern und auf den Weg zur Erleuchtung zu führen. Chenrezig nahm dazu die Gestalt eines roten Affen an, Inbegriff der physischen Kraft und eine Stufe unterhalb der Menschen. Drölma verwandelte sich in eine verführerische Riesin mit einer Vorliebe für Menschenfleisch. Aus ihrer Vereinigung entsprangen sechs Kinder, die zu den Ahnherren der sechs tibetischen Stämme wurden. So hat Chenrezig sich aus Mitgefühl erniedrigt zu einer tierischen Gestalt, um ein besonders kraftvolles Menschengeschlecht entstehen zu lassen.

Der Ursprung der tibetischen Königsdynastie aus dem Yarlung-Tal verliert sich im Dunkel der Geschichte. Der erste König stieg vom Himmel herab. Ihm zu Ehren wurde das erste Gebäude in Tibet errichtet, die Burg Yambu Lhakang, die heute noch gezeigt wird. Die Tibeter sollen bis dahin nur in Höhlen gelebt haben. Diese Vorkommnisse werden ins dritte Jahrhundert vor Christus verlegt. Geschichtlich greifbar wird erst der 33. König der Yarlung-Dynastie, Songtsen Gampo, Regierungszeit 620-649. Er weitete die Eroberungen seines Vaters bis an die Grenzen von Nepal und China aus. Die Hauptstadt wurde aus dem Yarlung-Tal nach Lhasa verlegt. Er schloß mit seinen Nachbarn Verträge und heiratete, der bereits drei tibetische Frauen hatte, eine nepalesische und eine chinesische Prinzessin. Beide waren Buddhisten. In ihrer Mitgift fand sich als wertvollste Gabe jeweils eine Buddha-Statue.

Songtsen Gampo ließ sich dafür gewinnen, dem neuen Glauben seine Unterstützung zu gewähren. Bei der Ankunft der chinesischen Prinzessin Wencheng in der Ebene von Lhasa blieb das Fahrzeug mit der Buddha-Statue auf unerklärliche Weise im Morast stecken. Wencheng, als Chinesin in der Geomantik bewandert, fand heraus, daß Tibet unter dem bösen Zauber eines weiblichen Dämons, einer Sinmo, stand. Sie lag auf dem Rücken. Dort, wo das Fahrzeug festsaß, war ihr Herzblut. Die drei Hügel in der Lhasa-Ebene (Marpo Ri, Chakpo Ri und Bompo Ri) waren ihre Brüste und ihr Venusberg. Um die Sinmo ein für allemal zu bannen, mußte das Land mit drei großen konzentrischen Quadraten überzogen werden, an deren Ecken jeweils ein Tempel stand. Im Zentrum wurde der Jokhang errichtet, bis heute das größte Heiligtum der Tibeter. Mit den Tempeln wurde die Sinmo gefesselt und unschädlich gemacht.

Die mitgebrachten Statuen werden noch heute in Lhasa verehrt, obwohl es sich sicherlich nicht mehr um die Originale handelt: Im Jokhang findet sich der Jowo (Buddha) Sakyamuni, angeblich eine zeitgenössische Darstellung des 12jährigen Buddha, die von Indien nach China gelangt war und mit der Prinzessin Wencheng nach Lhasa kam. Im Ramoche ist die Mitgift der nepalesischen Prinzessin Bhrikuti (tibetisch: Thisun) untergebracht, der Jowo Mikyö Dorje, der Buddha des Ostens.

Unter Songtsen Gampo erhielten die Tibeter ihre eigene Schrift nach indischen Vorbildern. Damit konnte die buddhistische Literatur aus dem Sanskrit ins Tibetische übersetzt und aufgezeichnet werden.

Unter den Nachfolgern von Songtsen Gampo waren es besonders zwei, die sich für die Verbreitung des Buddhismus in Tibet einsetzten, Trisong Detsen (Regierungszeit 755-797) und Räpalcen (Regierungszeit 815-838). In festgelegter Ikonographie finden sich Abbilder der drei buddhistischen Könige in zahlreichen Tempeln und Klöstern.

Trisong Detsen lud den indischen tantrischen Yogi Padmasambhava in sein Land ein. Die Tibeter nennen ihn Guru Rinpoche. Anders als etwa dem Christentum ist dem Buddhismus eine Missionierung aus eigenem Antrieb fremd. Buddhistische Lehrer kommen nur, wenn man sie ausdrücklich darum bittet. Nachdem Songtsen Gampo bereits zahlreiche Tempel hatte erbauen lassen, wurde nach den Vorstellungen des Guru Rinpoche das erste große Kloster in Tibet errichtet, Samye Chokor. Damit wurde in Tibet das Mönchtum eingeführt, welches die Grundlage jeder buddhistischen Zivilisation bildet.

Räpalcen lud weitere gelehrte Mönche, Panditas, aus Indien ein. Unter seiner Regierung wurde die sogenannte Frühere Übersetzung der heiligen Schriften zum Abschluß gebracht. Sie wurden später zu einem Kanon zusammengefaßt, der aus dem Kanjur, der Übersetzung des Buddha-Wortes, und dem Tanjur, der Übersetzung der Auslegungen späterer Gelehrter, besteht. In jedem größeren Tempel werden Abschriften davon aufbewahrt und verehrt.

Das tibetische Großreich erstreckte sich damals im Norden bis an die durch das heutige Sinkiang verlaufende Seidenstraße und im Westen bis an das Rote Becken in der chinesischen Provinz Sichuan. Unter Führung eines älteren Bruders des Königs formierte sich eine Verschwörung gegen Räpalcen, hinter der die Anhänger der alten Religion des Landes standen, die Bön. Er wurde ermordet. Der Buddhismus in Tibet erlitt einen schweren Rückschlag. Vereinzelt hielten sich im Untergrund buddhistische Gemeinschaften. Aber erst in der Mitte des 11. Jahrhunderts konnte der Buddhismus erneut ungehindert Fuß fassen. Für diese sogenannte Spätere Bekehrung wurden indische Panditas ins Land gerufen. Aber auch Tibeter reisten nach Indien und Nepal, um dort an den berühmten buddhistischen Akademien zu studieren. Es war dies die letzte Blütezeit des indischen Buddhismus, bevor er durch die Invasion der Muslims ausgelöscht wurde. Die Tibeter brachten ihr Wissen mit nach Hause. Hier entstanden bedeutende Klöster, in denen die Lehre bis heute fortlebt.

Der Buddhismus tibetischer Prägung, gemeinhin Lamaismus genannt, läßt sich in vier große Schulen einteilen: dem Alter ihrer Entstehung nach geordnet sind es die Nyingmapa, die Sakyapa, die Kagyüpa und die Gelugpa. Die Endsilbe -pa steht für Anhänger. Für Nicht-Tibeter hat sich für die ersten drei Schulen die gemeinsame Bezeichnung Rotmützen eingebürgert, während die Gelugpa auch Gelbmützen genannt werden.

Die Nyingma-Schule führt sich auf den bereits erwähnten Guru Rinpoche zurück. Zu seiner Gefährtin erkor er eine tibetische Königin, Yeshe Tsogyel. Er praktizierte tantrische Riten, wie es auch in der vorbuddhistischen Religion Bön üblich war. Seine Schüler waren nicht sogleich in der Lage, die volle Bedeutung seiner Lehren zu begreifen. Er verbarg daher in den Höhlen, in denen er zu praktizieren pflegte, Aufzeichnungen und andere Hilfsmittel zu seinen Ritualen. Es soll sich um 108 Schriften handeln sowie um 128 tantrische Bilder und fünf seltene Essenzen. Diese verborgenen Schätze, tibetisch Terma, wurden im Laufe der Jahrhunderte fast alle von Schatzsuchern, tibetisch Terton, entdeckt, welche die hierfür notwendigen geistlichen Voraussetzungen besaßen.

Eine Sammlung dieser Schätze wurde in 61 Bänden zusammengefaßt. Sie bilden einen Bestandteil der Lehre der Nyingma-Schule. Die Nyingmapa konnten die Lehren des Buddhismus über die Zeit der Verfolgung hinweg nur in degenerierter Form retten, wobei die tantrischen Riten eine Hauptrolle spielten, Dogmatik und Metaphysik hingegen vernachlässigt wurden. Bis zu einem gewissen Grade ist dies noch heute spürbar.

Zu den bedeutendsten Lehrern der Späteren Bekehrung zählt der bengalische Pandita Atisha (982-1054). Einer seiner Schüler gründete das Kloster Reting, etwa 100 Kilometer nördlich von Lhasa, und machte es zum Ausgangspunkt der Kadam-Schule. Vier Jahrhunderte später wurde diese Schule durch Tsong Khapa einer tiefgreifenden Reform unterzogen und zu einer neuen Schule umgestaltet, die sich zunächst Neu-Kadam nannte, dann aber den Namen Gelug-Schule annahm.

Bis heute in ihrer ursprünglichen Form lebendig geblieben ist die Sakya-Schule. Sie trägt ihren Namen nach dem 1073 gegründeten Kloster Sakya (tibetisch für graue Erde) in der alttibetischen Provinz Tsang. Die Äbte des

Klosters entstammten einer Adelsfamilie, die Nachfolge ging üblicherweise an einen Neffen des Abtes.

Die politische Vormachtstellung der Sakya-Schule entwickelte sich unter dem Patronat der Mongolen. Dschingis Khan hatte sich im Jahre 1207 zum Herrscher über alle Mongolenstämme aufgeschwungen und begann seine Eroberungszüge, auf die er das mongolische Großreich gründete. Auch Tibet war bedroht und teilweise bereits erobert, als sich Sakya Pandita im Jahre 1244 an den Hof von Gödan, einem Enkel von Dschingis Khan, begab. Die Gelehrsamkeit des Mönchs beeindruckte Gödan so sehr, daß er ihn zu seinem Statthalter über Tibet ernannte, das dadurch von schweren Verwüstungen verschont blieb.

Ein anderer Enkel von Dschingis Khan, Kublai Khan, hatte sich 1271 zum Kaiser von China erklärt und damit die mongolische Yuan-Dynastie begründet. Phagma, der Neffe und Nachfolger von Sakya Pandita, gewann bei Kublai Khan umfassende Privilegien, welche die Sakya-Schule zur mächtigsten Schule Tibets machten. Chinesische Historiker leiten aus diesem Umstand einen Souveränitätsanspruch über Tibet her.

In China wurde 1368 die mongolische Yuan-Dynastie durch die chinesische Ming-Dynastie abgelöst, welche sich bis 1644 an der Macht hielt. Damit verloren auch die von den Mongolen gestützten Sakyapa ihre politische Vormachtstellung in Tibet. An ihre Stelle traten eine Reihe von nationalistisch bestimmten Hegemonien, denen gemeinsam war, daß sie von Klöstern aus der Kagyü-Schule unterstützt wurden.

Um diese Zeit hatte die Kagyü-Schule, das bedeutet: Schule der Mündlichen Überlieferung, bereits eine dreihundertjährige Geschichte hinter sich. Sie führt sich auf den in Südtibet wirkenden Pandita und Übersetzer Marpa (1012-1298) zurück. Sein berühmtester Schüler war Milarepa (1040-1123).

Milarepa hatte sich an den Peinigern seiner Mutter grausam gerächt. Er verspürte Reue darüber und bat Marpa um Hilfe, der ihn erst nach einer Reihe schwerer Prüfungen als Schüler annahm und zur Weiterverbreitung der Lehre verpflichtete. Milarepa zog sich für sechs Jahre in eine Höhle zu Meditationsübungen zurück, nur mit einem leichten Baumwollhemd bekleidet. »Re« heißt Baumwolle, daher das »Repa«. Als er am Ende dieser Zeit in sein Elternhaus zurückkehrte, war seine Mutter gestorben und seine Schwester verarmt. Daraufhin beschloß er, sein Leben als Einsiedler zu beschließen. So würde er Befreiung erlangen von allen Begierden und den daraus erwachsenden Leiden. Er hinterließ zahlreiche Lieder und Gedichte, die jedem Tibeter unter dem Namen »Die hunderttausend Lieder von Milarepa« vertraut sind und ihn zum größten Poeten seines Landes machten.

Die Kagyü-Schule zerfiel bereits früh in zahlreiche Teilschulen, deren jede sich auf ein bedeutendes Kloster stützt. In erster Linie sind die Karma-Kagyüpa zu nennen. Ihr Oberhaupt, der Karmapa, residiert im Kloster Tsurphu. Die Nachfolge des Karmapa bestimmt sich nach dem Tulku-System, d.h., der Nachfolger eines verstorbenen Karmapa ist eine Wiedergeburt (tibetisch Tulku) seines Vorgängers. Es ist sicherlich übertrieben zu sagen, daß der Karmapa in ähnlicher Weise das Oberhaupt der Kagyü-Schule ist, wie es später der Dalai Lama für die Gelug-Schule wurde. Dafür ist die Kagyü-Schule viel zu sehr zersplittert. Aber man darf doch wohl feststellen, daß der Karmapa in der Kagyü-Schule das höchste Prestige besitzt. Andere Zweige der Kagyü-Schule gründen sich auf die Klöster Taklung, Drigung und Ralung.

Um die Mitte des 17. Jahrhunderts kam das Zeitalter der von den Kagyü-Klöstern geförderten Herrscher zu ihrem Ende. Zu diesem Zeitpunkt wurde in China die chinesische Ming-Dynastie durch die mandschurische Qing-Dynastie abgelöst. Dies hat auch die Entwicklung in Tibet beeinflußt.

Als das Oberhaupt der Gelug-Schule, der fünfte Dalai Lama, die politische Macht über Tibet übernahm, bestand die Schule schon seit etwa 250 Jahren. Ihr Begründer ist Tsong Khapa (1357-1419). Er wurde in Amdo als Kind von Nomaden geboren. An seinem Geburtsort befindet sich heute das große Kloster Kumbum. Der begabte Junge wurde nach Zentraltibet geschickt, wo ihn die berühmtesten Lehrer seiner Zeit unterwiesen. In einer Klause oberhalb des Kadam-Klosters Reting verfaßte er sein großes Werk »Über den gestuften Weg zur Erleuchtung«. Im Jahre 1409 gründete er das Kloster Ganden, 40 Kilometer östlich von Lhasa, oberhalb des linken Ufers des Kyi chu. Mit strengen Regeln für die Mönche wie Gebot der Keuschheit, Verbot von Alkohol und dem Rauchen von berauschenden Drogen brachte er die alten buddhistischen Tugenden wieder zur Geltung. Um einem Mißbrauch vorzubeugen, legte er fest, daß ein Mönch zunächst ein bis zu zwanzig Jahre währendes Studium der heiligen Schriften zu absolvieren hat, das seinen Abschluß mit dem akademischen Grad eines Geshe findet, bevor er sich dem Yoga und der Meditation in der tantrischen Tradition zuwenden darf.

Bei seinen Lehren stützt sich Tsong Khapa in erster Linie auf Atisha, den geistigen Vater der Kadam-Schule. So nannten sich die Anhänger von Tsong Khapa zunächst die Neu-Kadampa. Dann setzte sich jedoch der Name Gelugpa durch, das bedeutet Anhänger der Tugend. Die Klöster der Kadampa-Schule gingen fast alle in Klöster der Gelug-Schule über.

Die ehrgeizigen Schüler Tsong Khapas gründeten bald nach dessen Tod weitere Klöster, Sera und Drepung in der Nähe von Lhasa und Tashilhunpo in der Nähe von Shigatse in Tsang. Bereits Tsong Khapa hatte gelehrt, daß das Oberhaupt der Gelugpa eine Reinkarnation von Chenrezig sei, dem Schutzheiligen von Tibet. Ebenso wie bei den Kagyüpa wurde auch bei den Gelugpa der Nachfolger eines Oberhaupts als Wiedergeburt seines Vorgängers erkannt.

Der wachsende politische Einfluß der Gelugpa brachte sie zwangsläufig in Konkurrenz zu der inzwischen nach Tsang verlagerten weltlichen Autorität über Tibet. Im Jahre 1578 reiste das Oberhaupt der Gelugpa, Sönam, Abt von Drepung, an den Hof des Altan Khan von den Qosot-Mongolen, um dort Unterstützung für den sich anbahnenden Konflikt zu erbitten. Es gelang ihm, den Herrscher für seine Sache zu gewinnen, der ihm den Titel Dalai Lama verlieh. Dalai ist mongolisch und heißt Ozean. Auf tibetisch ist dies Gyatso. Lama ist tibetisch und das gleiche wie Guru, also Lehrer. Dalai Lama kann man etwa übersetzen mit Ozean-der-Weisheit-Lehrer. Gleichzeitig erhielten die beiden vorangegangenen Inkarnationen ebenfalls den Ehrentitel Dalai Lama. Damit war also Sönam Gyatso, wie er jetzt hieß, der dritte Dalai Lama.

Als vierter Dalai Lama wurde ein Urenkel des Altan Khan erkannt. Die Gefahr, daß dadurch Tibet ganz unter mongolischen Einfluß geraten könnte, ging vorüber, als diese Reinkarnation unter mysteriösen Umständen schon mit 27 Jahren starb.

Ihm folgte Lobsang Gyatso (1617-1682), der Große Fünfte, nach. Mit Hilfe der ins Land gerufenen Qosot-Mongolen wurde sein politischer Gegner, der König von Tsang, besiegt und getötet. Die Karma-Kagyüpa, die den König unterstützt hatten, wurden blutig verfolgt, das Kloster Tsurphu wurde zerstört, zahlreiche Mönche verloren dabei ihr Leben. Mit Ausnahme von Buthan konnte Lobsang Gyatso ganz Tibet zu einem mächtigen Reich vereinigen. Nur in Buthan hielten sich die Drukpa-Kagyüpa, wo sie bis heute ihre führende Stellung behaupten.

Mit dem Großen Fünften übernahmen die Gelbmützen die geistliche und weltliche Herrschaft über Tibet. Sie sollte dreihundert Jahre andauern. Erst der Einmarsch der chinesischen Volksbefreiungsarmee in den Jahren 1950/51 und die Flucht des vierzehnten Dalai Lama im Jahre 1959 beendete diesen Abschnitt in der tibetischen Geschichte.

Der Große Fünfte galt als frommer und weiser Regent. Unter ihm wurde der Potala zur Residenz des Dalai Lama ausgebaut. Als er starb, wurde sein Tod eine Weile geheimgehalten, um die Vollendung laufender Vorhaben nicht zu gefährden. Sein Nachfolger, der sechste Dalai Lama mit Namen Tsanggyang Gyatso, hatte wenig Interesse an seinem weltlichen Amt. Er widmete sich statt dessen der Poesie und leichten Mädchen. Einer Invasion der Qosot-Mongolen konnte er nichts entgegensetzen. Er wurde von den Siegern entführt. Auf dem Wege nach China starb er unter ungeklärten Umständen.

Inzwischen fiel ein anderer Mongolenstamm in Tibet ein, die Dzungaren. Sie vertrieben die Qosot und verwü-

**Die einstige Residenz des Dalai Lama, der Potala-Palast, beherrscht auch heute die Ansicht von Lhasa**

steten das Land. In China war 1644 die Ming-Dynastie durch die Qing-Dynastie abgelöst worden. Der Kaiser Kang Hsi schickte 1723 eine Armee nach Tibet, um dort die Ordnung wiederherzustellen. Die Armee brachte auch gleich Kelsang Gyatso, den siebten Dalai Lama, mit. Damit sollte erneut der Anspruch Chinas auf die Oberherrschaft über Tibet bekräftigt werden. Nach dem Abzug der Chinesen wurden in Lhasa auf Dauer zwei Repräsentanten des Kaisers, Amban genannt, stationiert, unterstützt durch eine chinesische Garnison. Der Regierungsapparat wurde neu geordnet. Ein Rat aus vier Ministern, Kashag genannt, wurde gebildet, wovon einer ein Mönch war. Bei alledem wirkte der siebte Dalai Lama nicht mit. Er beschränkte sich auf seine geistliche Rolle.

Unter seinem Nachfolger wurde 1792 die chinesische Armee ins Land gerufen, um nepalesische Gurkhas zu vertreiben, die bereits bis Shigatse vorgedrungen waren. Die weiteren vier Dalai Lamas, vom 9. bis zum 12., starben alle, bevor sie volljährig wurden. Man darf annehmen, daß sie auf Veranlassung der jeweiligen Regenten, die um ihre Macht fürchteten, ermordet wurden.

Erst der 13. Dalai Lama, Thupten Gyatso (1876-1933), war wiederum ein bedeutendes geistliches und weltliches Oberhaupt seines Landes. Er bemühte sich um Ausgleich mit seinen großen Nachbarn China und Britisch-Indien. Auch die Interessen des zaristischen Rußland an den Vorgängen in Zentralasien mußten berücksichtigt werden. In einem Konflikt um Handelsprivilegien marschierte 1904 ein britisch-indisches Expeditionskorps von Sikkim aus nach Tibet ein und gelangte über Gyantse bis nach Lhasa. Die politische Führung lag in den Händen von Colonel Younghusband. Der Dalai Lama floh in die chinesisch beherrschte Mongolei. Die Briten zogen unverrichteter

Dinge wieder ab. Im Jahre 1910, es war das letzte Jahr der Qing-Dynastie, wurde Lhasa von chinesischen Truppen besetzt. Der Dalai Lama begab sich nach Indien unter britischen Schutz. Ein Jahr später, nach Ausrufung der Republik, war China im Innern so sehr geschwächt, daß es unter tibetischem Druck bis 1912 seine Truppen wieder abzog. 1913 proklamierte der 13. Dalai Lama in Lhasa feierlich die Unabhängigkeit Tibets.

Seine Versuche, diese Unabhängigkeit durch behutsame Modernisierung des Landes zu untermauern und sich unter ausländischen Großmächten Alliierte zu suchen, wurden von der Mehrheit des Adels und der Geistlichkeit nicht unterstützt. Diese konservativen Kreise setzten darauf, daß man das Land völlig von fremden Einflüssen abschirmen und auf diese Weise den Status quo erhalten könne. Dabei war es doch nur eine Frage der Zeit, bis ein wiedererstarktes China seine alten Ansprüche auf die Hoheit über Tibet erneut geltend machen würde. Noch vor seinem Ableben im Jahre 1933 ermahnte der Dalai Lama sein Volk, auf der Hut zu sein, schwere Prüfungen stünden bevor.

Die Regentschaft übernahm der Abt von Reting. Bei der Suche nach der Wiedergeburt besuchte eine Delegation den Orakelsee. 1938 wurde in Amdo, nicht weit entfernt vom Kloster Kumbum, in einem dreijährigen Knaben der 14. Dalai Lama, Tenzin Gyatso, entdeckt. Erst nach Zahlung eines riesigen Lösegeldes an die örtlichen chinesischen Behörden durfte er 1940 nach Lhasa reisen.

Während des Zweiten Weltkrieges hofften einflußreiche Kreise in Lhasa auf einen Sieg der Japaner und der Deutschen. Die Japaner, so argumentierten sie, würden den Erzfeind China unter Kontrolle halten. Außerdem sei Japan ein buddhistisch geprägtes Land, das Tibet respektieren werde. Und ein Sieg Hitlers würde die von Britisch-Indien ausgehenden Gefahren für Tibet vermindern.

1949 rief Mao Zedong in Peking die Volksrepublik China aus. Schon ein Jahr später drangen Einheiten der Volksbefreiungsarmee in die Provinz Kham ein. Der dortige Gouverneur, Ngawang Jigme, kapitulierte. In aller Eile wurde in Lhasa dem erst fünfzehnjährigen Dalai Lama die Regierungsgewalt übertragen. Im November 1950 floh er – ähnlich wie sein Vorgänger 40 Jahre zuvor – vor den Chinesen an die Grenze nach Sikkim. Anders als damals verhielten sich jedoch diesmal die nach Lhasa eingerückten Soldaten außerordentlich diszipliniert, und so kehrte der Dalai Lama fünf Monate später in seine Hauptstadt zurück. Auf Betreiben der chinesischen Regierung unterzeichnete eine tibetische Delegation unter Führung von Ngawang Jigme in Peking ein 17-Punkte-Abkommen, das den Tibetern weitgehende Autonomie in inneren Angelegenheiten versprach.

Dennoch kehrte keine Ruhe ein. Die Tibeter bestanden auf ihrer Unabhängigkeit, während die Chinesen niemals ihren Anspruch auf die Oberhoheit über Tibet aufgegeben hatten. Die zahlreicher nachrückenden chinesischen Truppen mußten aus dem Land versorgt werden, was zu einer Hungersnot führte. Es gab Versuche, die religiösen Überzeugungen der Tibeter mit den Lehren des Marxismus zu diskreditieren, das althergebrachte Feudalsystem sollte reformiert werden. 1954 folgte der Dalai Lama mit einer großen Delegation einer Einladung nach Peking, wo er mit allen Ehren empfangen wurde. Die Chinesen hatten zu diesem Treffen auch den Panchen Lama bestellt. Es existiert ein berühmtes Foto, auf dem Mao Zedong und Zhou Enlai gemeinsam mit den beiden höchsten tibetischen Lamas anläßlich des Neujahrsfestes 1955 einträchtig beieinandersitzen. Etwas abgesetzt findet sich auch das Porträt von Liu Shaoqui, der später in Ungnade fiel. In Lhasa sah ich kürzlich eine revidierte Fassung dieses Fotos, auf dem Liu durch Deng Xiaoping ersetzt war.

An dieser Stelle sei ein Wort über den Panchen Lama eingefügt. Der Große Fünfte hatte 1642 erklärt, daß sein Lehrer, Lobsang Chökyi Gyeltsen, Abt von Tashilhunpo, eine Inkarnation des Buddha Amithaba sei, und zwar die vierte in einer Reihe, deren erster Khedrup Je war, einer der beiden bedeutendsten Schüler von Tsong Khapa. Alle nachfolgenden Äbte von Tashilhunpo sollten als Reinkarnationen ihres Vorgängers erkannt werden. Sie erhielten den Titel Panchen Lama, das bedeutet großer Lehrer.

Diese hohe Auszeichnung der Äbte des in der Provinz Tsang gelegenen Klosters Tashilhunpo führte dazu, daß die uralte Rivalität zwischen Tsang und Ü auch im Zeitalter der Herrschaft der Gelbmützen fortbestand. Die Chinesen versuchten wiederholt, dies zu ihrem Vorteil auszunutzen. Auch die Einladung des Panchen Lama nach Peking im Jahre 1954 diente diesem Zweck. Es war der zehnte Panchen Lama in der Reihe der Inkarnationen. Der 13. Dalai Lama hatte 1922 versucht, den neunten Panchen Lama und sein Kloster wieder fest unter die Kontrolle von Lhasa zu bringen. Der sah sich dadurch veranlaßt, nach China zu fliehen, wo er starb. Auch sein Nachfolger verbrachte die meiste Zeit seines Lebens in China. Wahrscheinlich wurde er dazu gezwungen. Vorwürfe, daß er mit den Kommunisten zusammengearbeitet habe, sind wohl nicht gerechtfertigt. Er starb ganz überraschend im Jahre 1989 während eines Besuchs in Tibet. Im September 1993 wurde seine einbalsamierte sterbliche Hülle auf traditionelle Weise in einer feierlichen Zeremonie in Tashilhunpo in einem Chörten beigesetzt. Im Mai 1995 verkündete der Dalai Lama, daß der elfte Panchen Lama in Tibet gefunden sei. Zur Empörung vieler Tibeter verweigerte die Zentralregierung dem Kandidaten des Dalai Lama die Anerkennung und ließ statt dessen einen anderen Jungen zum elften Panchen Lama erklären. Soviel über den Panchen Lama.

Die mehrmonatige Reise des Dalai Lama nach Peking führte zu keiner Entspannung der Lage in Tibet, die Entfremdung wuchs sich zu offener Feindschaft aus. In Kham und südlich des Tsangpo-Tals begannen die Khampas einen Guerilla-Krieg gegen die chinesische Armee, wobei ihnen der amerikanische Geheimdienst mit Vorsorgung aus der Luft ein wenig Unterstützung gewährte. Die Armee war jedoch stärker. Im März 1959 mußte der Dalai Lama mit seiner Verhaftung durch die Chinesen rechnen. In Lhasa formierten sich die Tibeter zu einem Aufstand, um ihn zu schützen. In dem Getümmel floh der 14. Dalai Lama heimlich nach Indien. Damit hatte die 300jährige Herrschaft der Gelbmützen über Tibet ein Ende.

Die chinesische Kulturrevolution von 1966 bis 1976 suchte auch das besetzte Tibet heim. Schon vorher hatten Tempel und Klöster schwer gelitten unter der von den Kommunisten verfügten Auflösung der Klostergemeinschaften. In vereinzelten Fällen soll der chinesische Premier Zhou Enlai das Schlimmste verhindert haben, so etwa die völlige Zerstörung des Potala.

Seit Ende der Kulturrevolution setzen die chinesischen Oberherren und ihre tibetischen Helfer weniger auf gewaltsame Unterdrückung als auf Belohnung für Kollaboration. Hinzu kommt ein weit verzweigtes System von Spitzeln. Harsche Maßnahmen, die die Mehrheit der Bevölkerung antagonisieren könnten, werden vermieden.

Gegen die Minderheit von unbeugsamen Nationalisten wird um so brutaler vorgegangen.

Inzwischen haben auch viele Tibeter Geschmack gefunden an materiellem Wohlstand, und sei er noch so bescheiden. Gleichzeitig unternimmt die Regierung in Peking große Anstrengungen, um Tibet unwiederbringlich in China zu integrieren. Hunderttausende von Han-Chinesen übersiedeln nach Tibet, und zwar hauptsächlich in die Städte. Der sprichwörtliche Fleiß der Chinesen trägt schnell seine Früchte. Vielerorts sind die Tibeter bereits eine Minderheit in ihrem Land.

Was hier geschieht, das geschah im Laufe der Geschichte immer wieder: Eine zahlenmäßig überlegene, hochmotivierte und gut organisierte Mehrheit setzt sich zu Lasten einer Minderheit durch. Dadurch droht eine einzigartige Zivilisation durch Überfremdung unwiederbringlich unterzugehen.

# Ein Wanderritt zum Qomolangma

Als es bei meinem ersten Aufenthalt in Lhasa im Spätsommer 1988 mit einer Kailastour nicht klappt, mache ich mich auf den Weg, um das Basislager des Qomolangma (sprich: Chomolangma), also des Mount Everest, zu besuchen. Mit dem Linienbus geht es zunächst bis nach Shigatse.

Wir fahren den Kyi chu abwärts bis zu seiner Einmündung in den Tsangpo, den die Straße mit einer neuen Brücke überquert. Von dort geht es hinauf zum 4800 m hohen Khamba La. Pässe sind für Tibeter geheiligte Orte. Hier finden sich stets Steinmale, Lha-tse genannt, und Stangen mit unzähligen Gebetsfahnen. Der Bus hält an, die Tibeter entblößen ihr Haupt und rufen »Lha-gya-lo«, d.h. »Die Götter mögen siegen«. Ich knüpfe an zwei Stangen ein aus Lhasa mitgebrachtes Lungta, ein Band mit fünf Wimpeln in den Farben Blau, Weiß, Rot, Grün und Gelb an, jeder mit einem geflügelten Pferd und Gebetsformeln bedruckt. Wenn sie im Winde wehen, sind dies Fürbitten für eine glückliche Weiterreise.

Tief unten nach Süden zu liegt der See. Heute, bei klarem Himmel, leuchtet er in unvorstellbarem Blau. In der Ferne ragen die Berge des Himalaja an der Grenze zu Bhutan auf. Bei der Ausfahrt aus dem Seebecken überqueren wir den 5045 m hohen Karo La. Gletscher reichen bis dicht an die Straße heran. Abends dann in Shigatse beziehe ich das Tenzin Hotel in der Altstadt, das von Rucksackreisenden bevorzugt wird.

Hier wohnen auch Petra und Michael. Sie erzählen von der Möglichkeit, von Dingri aus mit dem Pferd in drei Tagen zur Rongphuk Gompa zu gelangen, einem

Kloster im Rongphuktal, das zum Basislager führt. Das erscheint mir die angemessene Art, sich dem Qomolangma zu nähern.

Dingri, auch Old Dingri genannt, liegt etwa 280 Kilometer weiter westlich an der Straße nach Katmandu. Von dort sind es noch etwa 180 Kilometer bis zum Grenzübergang nach Nepal. Nach Dingri fahren keine Linienbusse mehr. Im Laufe einiger Tage finden sich genügend Interessenten, um sich gemeinsam ein Fahrzeug nach Dingri zu mieten.

In der Zwischenzeit besuche ich das vor der Stadt gelegene Kloster Tashilhunpo. Es ist der offizielle Sitz des Panchen Lama, der sich schon lange in China aufhält. Berühmt ist die 26 Meter hohe goldene Statue des Jampa Chempo, Maitreya in Sanskrit, des Buddhas der Zukunft, aus dem Jahre 1914. Beim ersten Mal bekomme ich keinen Einlaß mehr. So begebe ich mich auf den Pilgerweg, der außerhalb der Klostermauern entlangführt. Unter den Pilgern fällt mir eine weißhaarige Frau auf. Getreulich füttert sie die Hundsmönche mit Tsampa, dem Mehl aus gerösteter Gerste, einem Grundnahrungsmittel der Tibeter.

Als ich bei meinem nächsten Besuch durch die engen Gassen des Klosters schlendere, dringt Gebetsgemurmel zu mir. Über eine kleine dunkle Stiege gelange ich zu einem Raum, in dem ein alter Mönch aus einer Sutra vorliest, was dann die Schar der vor ihm sitzenden, höchstens zehnjährigen Knaben im Chor wiederholt. Alle sitzen mit verschränkten Beinen auf dem Boden und schwingen ihren Oberkörper rhythmisch nach beiden Seiten. Alte Mönche und blutjunge Novizen, die den Alten auf vielerlei Weise zu Diensten sind, das war schon immer so. Ein wenig später sehe ich, wie ein älterer Mönch einen Knaben zärtlich streichelt.

Draußen folge ich einer Gruppe junger Tibeter in ein anderes Gebäude. An der Seite des Altars fordert mich ein Mönch auf, niederzuknien. Er segnet mich, indem er mit einer Art schwerer, aus Messing gefertigter Speerspitze die Schultern und das Haupt berührt.

Die Fahrt von Shigatse bis Dingri dauert einen ganzen Tag. Am nächsten Morgen treffen wir Tendé, einen sympathischen 32jährigen Tibeter. Mit ihm vereinbaren Petra, Michael und ich die Einzelheiten für einen sechstägigen Wanderritt zur achtzig Kilometer entfernten Rongphuk Gompa.

Gegen Abend kommt Tendé mit einem kleinen gummibereiften Kastenwagen und fährt mit uns in sein knapp vier Kilometer entferntes Dorf. In dem großen mit Ornamenten geschmückten Hauptraum seines Hauses werden uns Tee und Chang angeboten, ehe wir uns zusammen mit der ganzen Familie zum Schlafen hinlegen. Wir bekommen Seitenbänke, die Oma schläft auf dem Boden. Ich höre sie noch lange ihre Nachtgebete murmeln.

Ich hatte ja bereits von den unzähligen gelbbraunen Hunden in Lhasa berichtet, die nachts ununterbrochen kläffen. In Shigatse war es eher noch schlimmer. Hier nun bekomme ich einen der berühmt-berüchtigten Wachhunde der Tibeter zu Gesicht. Sie sind schwarz und die besonders gefährlichen tragen eine breite fellartige rote Halskrause. In den alten Berichten der Tibetreisenden wird von ihnen mit größtem Respekt berichtet. Der Hofhund unseres Gastgebers ist so ein Tier. Glücklicherweise liegt er an der Kette. Allerdings scheint Tendé der Kette nicht ganz zu trauen, er läßt uns nur in seiner Gegenwart an dem wütend bellenden Hund vorbeigehen. Oder sonst stellt sich seine Mutter mit erhobener Schaufel neben das rasend an seiner Kette ziehende Tier, um zuzuschlagen, falls es sich losreißen sollte.

Unter solchen Bedingungen nachts nach draußen zu gehen, um auszutreten, ist natürlich riskant. Aber was bleibt mir anderes übrig. Ein Abort im Haus ist unbekannt, man sucht sich ein Plätzchen im Freien; die starke Sonne und die Trockenheit verwischen bald alle Spuren in dieser dünn besiedelten Gegend. Als ich frühmorgens hinausgehe, kommt plötzlich so ein scharfer Wachhund auf mich zugestürzt und bellt mich an. Ich belle zurück, das Gleichgewicht der Angst hält stand, bis Tendé den Hund verscheucht.

Eine halbe Stunde später gehen wir mit unseren Pferden an der Hand von dem etwas abseits gelegenen Gehöft zum Dorfplatz, um uns marschfertig zu machen. Da höre ich plötzlich ein wütendes Gebell, und im gleichen Augenblick spüre ich, wie ein Hund mir in die rechte Kniekehle fährt. Er läuft sofort wieder zurück – es war mein Angstgegner von vorhin. Glücklicherweise trage ich bereits die in Shigatse gekaufte dickwattierte Überhose der Armee, so daß ich nur eine oberflächliche Hautverletzung davontrage, zu der dann später noch wochenlang blaue Flecken kommen. Diese Hunde sind ja dazu da, Raubtiere von den Herden abzuwehren; sie müssen also äußerst scharf sein. Diesen späten hinterhältigen Angriff kann ich mir allerdings nicht erklären.

Auf unseren Wanderritt nehmen wir nur leichtes Gepäck und warme Kleidung mit. Ferner Verpflegung für uns und für die vier Pferde sowie eine Zeltplane und zwei dicke Steppdecken für die kalten Nächte im Freien. Zaumzeug und der kleine Holzsattel sind in schlechtem Zustand, sie tun jedoch ihren Dienst. Rechts und links vom Sattel werden die Traglasten gleichgewichtig verteilt, verbunden und befestigt durch dicke Seile, die quer über den Sattel verlaufen.

Wir müssen uns dann oben draufsetzen. Zum Aufsteigen sind die von Traglasten weitgehend verdeckten Steigbügel kaum zu gebrauchen. Nur gut, daß wir die gefütterten Winterhosen der Armee tragen, sonst wäre es kaum zu ertragen, stundenlang auf den Seilen zu sitzen.

Zunächst geht es leicht bergan. Immer wieder treffen wir auf große Herden von Yaks, Schafen oder Ziegen. Am frühen Nachmittag machen wir bei Hirten in ihrem Zelt aus schwarzem Yakhaar Rast. Sie bieten uns gesalzenen Tee an und in der Sonne getrockneten Quarkkäse. Es sind weißliche Stangen, die wie Spritzkuchen geformt sind.

Unser Nachtlager schlagen wir ebenfalls bei einem Hirtenzelt auf. Die Leute hier kennen sich alle untereinander. Tendé und seine Frau schlafen mit im Zelt. Für uns drei wird die Zeltplane über die eine Hälfte einer flachen, rechteckigen, seitlich mit Steinen befestigten Erdgrube gespannt. Den vielen kleinen Köteln auf dem Boden nach zu urteilen, wird hier manchmal eine Ziegen- oder Schafherde für die Nacht eingesperrt. Unsere Satteldecken bilden die Unterlage. Michael und Petra haben ihren Doppelschlafsack, ich komme sehr gut mit meiner dicken Steppdecke zurecht, die zweite deckt uns alle drei gemeinsam zu.

Heißes Wasser hat unser Führer zu stellen. Er bringt es uns aus seinem Zelt. Unser Abendessen sind Schnellnudeln mit einer Büchse Tomaten und Corned Beef angereichert.

Ganz in der Nähe fließt ein klarer Bach durch die Wiesen. Kleine Fische verschlingen beim Spülen unserer Eßgeräte die ausgespülten Reste. Der Boden ist übersät mit kleinen Erdlöchern. Wenn man sich still verhält, kommen Hamster daraus hervor und richten sich neugierig auf, um bei der leisesten Bewegung wieder zu verschwinden. Vereinzelt sehe ich auch die großen schwarzen Rabenvögel, die mir bereits in Dingri aufgefallen waren.

Die heutige Etappe ist verhältnismäßig kurz. Nach Überqueren eines Passes erreichen wir bereits um zwei Uhr das Dorf Zangbo, wo Tendés Schwager wohnt. Wir werden mit Tee und Chang begrüßt. Aus dem heißen Wasser abends wird wieder ein Gericht auf der Grundlage von Schnellnudeln bereitet. Wir verzehren es oben auf dem Dach, da unten der Rauch aus dem mit Sträuchern und Dung gespeisten Feuer fast unerträglich ist. Das Nachtlager bereiten wir uns auf dem Fußboden des Eingangsraumes.

Wir brechen schon früh auf. Zunächst geht es im Zickzack steil bergauf auf die südlich des Dorfes gelegene Höhe, sicherlich gut 800 Meter steigen wir an. Die Pferde atmen schwer. Dann, oben auf der Paßhöhe, erscheint im Süden ganz unerwartet das gewaltige Massiv des Qomolangma. Tendé hebt seine prächtige Pelzmütze mit bunten Bändern vom Kopf und ruft »Lha-gya-lo«. Ich tue es ihm nach.

Dies ist wirklich ein erhabener Anblick: Der Qomolangma mit seinen 8848 m überragt bei weitem alles, was sonst noch zu sehen ist. Nach Norden, Osten und Westen haben wir einen weiten Ausblick auf Berge und auf wasserführende Täler. Fast direkt zu unseren Füßen liegt der Eingang zu dem engen Rongphuktal. Es zieht sich nach Süden hin bis zum Fuß des Qomolangma. Unser weiterer Weg führt durch dieses Tal aufwärts bis zur Rongphuk Gompa. Aber zunächst müssen wir hinunter zum Taleingang. Es ist steil und ziemlich mühsam, besonders dort, wo der Hang durch austretendes Wasser versumpft ist.

Unten machen wir eine längere Mittagsrast. Der Qomolangma ist von hier nicht mehr zu sehen. Neben uns strömt der reißende Fluß. Am Hang auf der anderen Seite erkenne ich die Autopiste, die von Shekar kommend bis zum Basislager hinaufführt. Vor uns liegt noch ein dreistündiger Ritt das Rongphuktal hinauf bis zur Gompa.

Bald erreichen wir eine kleine Brücke über das reißende Wasser, über die wir das andere Ufer und die Autopiste erreichen. Der Weg steigt nur gemächlich an. Gelegentlich überholt uns ein Landcruiser aus Shekar. Wenn immer möglich, benutzen wir einen Weg abseits der Piste. Es geht durch endlose Geröllfelder. Dann endlich erscheint hinter einem kleinen Sattel links am Berg die Rongphuk Gompa (5030 m). Von den zahlreichen Gebäuden sind nur ein kleiner Tempel und Wohnungen für die Mönche wieder aufgebaut sowie eine Reihe von Gasträumen, Mehrbettzimmer mit einem Ofen in der Mitte.

Unsere Pferde werden in den Ruinen eines großen Gebetssaales eingesperrt; auf den stehengebliebenen Seitenwänden sind noch buddhistische Malereien zu erkennen. Morgen haben die Pferde einen Ruhetag. Sie bekommen das mitgebrachte Futter, hauptsächlich grün geschnittene Gerste.

Rongphuk Gompa wurde erst Anfang des Jahrhunderts gegründet. Als fromme Gabe hat Tendé den Mönchen eine luftgetrocknete ungesalzene Hammelkeule mitgebracht. Während der Mittagsrast ließ er uns ein Stückchen davon probieren – es schmeckte köstlich.

Gleich hinter dem Kloster eröffnet sich der Blick auf den Qomolangma. Wir sind ihm jetzt viel näher, als mittags auf der Paßhöhe. Wie er hier riesig zwischen den engen kahlen Talwänden zum Himmel aufragt, wirkt er erdrückend und gewalttätig. Es gibt hier keinen Horizont, man fühlt sich beengt. Heute mittag hingegen lag das Bild souverän-majestätisch. Die Welt war ausgebreitet vor unseren Augen, und über sie herrschte der Qomolangma.

Nach einem opulenten Frühstück mit in Yakbutter gebratenen Pfannkuchen aus Tsampa begeben wir uns am nächsten Morgen auf die Wanderung zum Basislager gut zehn Kilometer weiter aufwärts. Mir geht es vorzüglich, und ich laufe meinen beiden Begleitern etwas voraus. Der Qomolangma beherrscht die Szene.

Das Basislager – oder besser die Basislager – sind im Schutze einer riesigen Endmoräne in knapp 5200 m Höhe errichtet, die den Blick auf den Berg verstellt. Am auffälligsten ist das Lager der Amerikaner. Sie haben ein riesiges Areal, Dutzende von Zelten in den abenteuerlichsten Formen und Farben. »Wyoming Centennial Expedition: Cowboys to Mt. Everest« steht überall drangeschrieben. Die Expedition ist mit allen technischen Raffinessen ausgerüstet. Natürlich wird Sauerstoff beim Aufstieg verwandt. Alle Mitglieder sollen am Berg die Augen offenhalten und nach Spuren des 1924 verschollenen Engländers Mallory suchen. Vielleicht fände man sogar seine Kamera, deren Film dann darüber Aufschluß geben könnte, ob er damals den Gipfel erreicht hat und also der erste war, lange vor Hillary und Tenzing 1953. Eine bizarre Idee.

Wir sehen uns noch die kümmerlichen Gedenksteine für einige der Opfer an, die der Berg gefordert hat. Dann gehe ich ganz links in der schmalen Schlucht zwischen Moräne und Berg alleine weiter.

**Blick vom Rongphuktal nach Süden auf den Qomolangma (Mt. Everest)**

Bis zur Gletscherzunge sind es noch gut zwei Stunden, das schaffe ich heute nicht mehr. Aber ich möchte jedenfalls noch einmal von hier oben einen Blick auf den Qomolangma werfen. Das langsame Steigen in dieser Höhe bereitet mir keine Schwierigkeiten. Schließlich erreiche ich in etwa 5300 m Höhe einen Aussichtspunkt. Der Gipfel ist von schnell ziehenden Wolken verdeckt, nur für Augenblicke wird die Sicht besser.

Ich hocke mich zum Schutz gegen den Wind gegen einen Stein und warte auf freien Ausblick. Jetzt sehe ich hoch oben ein Felsenband. Ich bin mir jedoch nicht sicher, ob dies der Hauptgipfel ist.

Nun, dies ist also der Höhepunkt meiner Reise. Und wenn mir auch der Qomolangma hier nicht alle seine Geheimnisse offenbart hat, so muß ich mir klarmachen, daß ich nichts zu beanspruchen habe. Dankbar und zufrieden, daß die ganze Reise so wunderbar verlaufen ist, schlendere ich langsam zum Kloster zurück, wobei ich einen eindrucksvollen Chörten am Wege links umgehe.

# Abenteuer am Goldsandfluß

Nach schweren Unruhen in Lhasa Anfang 1989 wurde über die Stadt das Kriegsrecht verhängt. Alle Ausländer mußten Tibet verlassen. Auch in China gibt es in diesem Jahr Probleme. Im Frühjahr begannen Studenten auf dem Platz des Himmlischen Friedens in Peking mit Demonstrationen für mehr Demokratie und gegen die ausufernde Korruption.

Die Erfahrungen des vergangenen Jahres haben mich gelehrt, daß letzte Sicherheit über die Einreisemöglichkeiten nach Tibet nur an den Einfallstoren nach Tibet zu erhalten ist. Ich fliege daher schon Anfang Mai zunächst nach Katmandu. Dort heißt es, zur Zeit würde niemand nach Tibet hineingelassen. Über Hongkong fliege ich weiter nach Chengdu, der Hauptstadt der Provinz Sichuan. Von hier aus gibt es täglich Flüge nach Gongkar, dem Flughafen von Lhasa.

Nach der Ankunft in Chengdu gehe ich sogleich ins Jin Jiang Hotel und frage dort bei den verschiedenen Reisebüros, ob ich nach Tibet fahren könne. Nein, heißt es, das sei für Ausländer zur Zeit ausgeschlossen. Enttäuscht beziehe ich Quartier im Jiaotong Hotel am Brokatfluß, wohin die meisten Rucksackreisenden gehen.

Chengdu ist der Ausgangspunkt der historisch wichtigsten Handelsroute zwischen China und Tibet. Von hier, inmitten des fruchtbaren Roten Beckens, erreicht man in westlicher Richtung nach 150 Kilometern das Gebirge. Von dort kommt man nach 200 Kilometern nach Kangding. Dies ist der traditionelle Umschlagplatz für den Handel zwischen China und Tibet. Jenseits Kangding geht es dann weiter nach Nordosten. In etwa

1000 Kilometer Entfernung von Chengdu erreicht man am Goldsandfluß die Grenze zwischen Sichuan und der Autonomen Region Tibet. Goldsandfluß, chinesisch Jinsha Jiang, ist der Name für den Oberlauf des Yangzi, mit 6000 Kilometern der viertlängste Fluß der Erde, der bei Shanghai ins Ostchinesische Meer mündet. Vom Goldsandfluß bis Lhasa sind es dann noch einmal 1400 Kilometer. Ich will versuchen, von Chengdu aus auf dieser Route so weit wie möglich voranzukommen.

Am 15. Mai bin ich Zeuge des Beginns der Demonstrationen in Chengdu. Von den verschiedenen Universitäten ziehen die Studenten ins Stadtzentrum. Sie führen Spruchbänder mit und skandieren ihre Forderungen. Die Bevölkerung steht dicht gedrängt an den Straßen, eher neugierig und verwundert als mitgerissen. Offensichtlich ist dies Spektakel den Leuten nicht ganz geheuer. Ist das nun der Beginn einer Revolution? Die Polizei beschränkt sich darauf, den Verkehr umzulenken, so daß die Studenten ungehindert ihren Weg gehen können.

Am Busbahnhof neben meinem Hotel erfahre ich, daß an Ausländer eine Fahrkarte nach Kangding nur mit besonderer Genehmigung verkauft wird. Die Sicherheitsbehörden verweigern mir diese jedoch. Der einzige Ort in Richtung Westen, für den ich eine Fahrkarte bekomme, liegt am Rand des Roten Beckens, am Fuß des berühmten Pilgerberges Emei Shan. So will ich also erst einmal bis dahin fahren. Vielleicht komme ich ja von dort aus irgendwie weiter.

Am Emei Shan übernachte ich im »Tempel der 10000 Jahre« in etwa 1000 m Höhe. Am nächsten Tag steige ich auf den Gipfel des Emei Shan, 3100 m hoch. Wieder unten angekommen hat sich die Lage weiter verschärft: Die Studenten blockieren sämtliche Eisenbahnlinien. In

Chengdu sollen sie die Regierungsgebäude besetzt haben. Die Busse verkehren jedoch wie immer. Ich kann damit bis Leshan fahren, in dessen Nähe am Min Jiang eine berühmte große Buddhafigur aus der Tangzeit zu sehen ist. Hier erhalte ich eine Fahrkarte nach Yaan an der Straße in Richtung Kangding. Und – es ist kaum zu fassen – am nächsten Morgen gibt es in Yaan eine Fahrkarte nach Kangding.

Der Bus fährt erst nachmittags aus Yaan ab. Wir verlassen das Rote Becken und verbringen die Nacht in einer kleinen Raststätte an der Straße. Über einen hohen Paß geht es dann am nächsten Morgen hinunter nach Luding am Dadu-Fluß. Über ihn spannt sich die Brücke, welche die Kommunisten auf ihrem legendären Langen Marsch erobern konnten. Dadurch entkamen sie den Truppen von Chiang kai-shek.

Gegen Mittag erreichen wir Kangding, auf tibetisch Dartsedo, den Hauptort der Präfektur. Früher hieß der Ort, der in vielen Reisebeschreibungen vorkommt, Tashienlu. Als wichtiger Handelsplatz ist er das historische Eingangstor nach Tibet. Chinesische Händler kauften von den Tibetern Gold und Silber, Felle, Heilkräuter und Moschus, die Tibeter ihrerseits kauften den gepreßten Ziegeltee, den Kulis vom Roten Becken bis hierher trugen. Er war bei den Tibetern so begehrt, daß er sogar als Währung diente. Ferner exportierten die Chinesen hier Luxusgüter wie Seide und Porzellan.

Kangding hat etwa 40000 Einwohner. Zwei Drittel davon sind Han-Chinesen. Dies ist typisch für die meisten Ortschaften in Tibet. Nur in abgelegenen Dörfern, in Tälern und auf Hochebenen, wo kein Ackerbau mehr möglich ist, sind die Tibeter noch unter sich.

Im Straßenbild fallen die Tibeter gleich durch ihre

stattliche Größe auf, auch wenn sie nicht die hergebrachte Kleidung tragen. Es sind überwiegend Khampas. Die Männer flechten in ihr langes schwarzes Haar ein dikkes rotes gewundenes Band mit langen Fransen. Die jungen Frauen können einem den Atem verschlagen mit ihrer Schönheit, selbst wenn sie die häßliche Maokappe verwegen auf dem Kopf tragen. Viele jedoch schmücken ihre prächtigen, langen schwarzen Haare mit Türkisen und Korallen. Meist sind es wohl Imitationen, aber das fällt nicht ins Gewicht. Leider sind viele Tibeter hier in der Stadt zu Trinkern geworden. Mit den fleißigen und zielstrebigen Chinesen können sie es nicht aufnehmen. Man wird an die Indianer erinnert, die von den weißen Siedlern ihrer Lebensgrundlage beraubt wurden.

Am Busbahnhof kann ich ohne Schwierigkeiten für morgen eine Fahrkarte nach Garzê erstehen, dem etwa 370 Kilometer entfernten Hauptort der autonomen Präfektur. Niemand fragt nach einem Erlaubnisschein. Man geht wohl davon aus, daß jemand, der hier ist, einen Permiß besitzen muß. Wahrscheinlicher ist, daß man sich gar keine Gedanken macht über einen Ausländer. Am besten, man sagt nichts und man fragt nichts, werden sich die Leute hier sagen, das erspart Scherereien.

Kangding liegt 2800 Meter hoch. Nachmittags steige ich auf Ziegenpfaden an der südlichen Talseite hinauf. Unter blühenden Rhododendronsträuchern stoße ich auf Gräber. Etwa 500 Meter über dem Tal erreiche ich ein Plateau, an dessen hinterem Abhang ein tibetischer Tempel und ein Chörten neu errichtet sind. Im Süden erscheinen in der Ferne schneebedeckte Berge. Es sind Ausläufer des mächtigen Minya Konka (chinesisch: Gongga shan), mit 7556 Metern die weitaus höchste Erhebung Osttibets, wo die Berge meist nicht über 5000

Meter hinausgehen. An Höhe wird er erst übertroffen von dem 700 Kilometer weiter im Westen gelegenen Namche Barwa, 7756 m, im Knie des Tsangpo dort, wo dieser sich nach Süden wendet, um den östlichen Himalaja zu durchstoßen. Ungeschützt dem von Süden anbrandenden Monsun ausgesetzt, ist der Gipfel des Minya Konka nur selten frei von Wolken.

Am nächsten Morgen überqueren wir den 4290 m hohen Zhedou La. Auf dem Weg nach oben wird die Landschaft zusehends ärmlicher. Hier leben tibetische Nomaden mit ihren Yakherden in schwarzen Zelten aus Yakhaar. Immer wieder begegnet man Gebetswimpeln, besonders an Brücken. Wo das Klima es zuläßt, finden sich kleine Siedlungen mit tibetischen Häusern aus Lehm mit flachen Dächern. Als wir hinunterfahren, sind die Straßen von Bäumen gesäumt, alles ist grün, Chörten und Gompas liegen am Weg – dies ist richtiges Tibetland!

Im Vergleich zu Zentraltibet ist hier alles freundlicher und grüner. Es gibt mehr Regen als dort, zudem hat die Monsunzeit gerade begonnen. Unten im Tal wenden wir uns nach Norden. Garzê liegt an der sogenannten Nordroute nach Lhasa. In Gartar (chinesisch: Qianning), einem kleinen, sympathischen Ort, legen wir die Mittagspause ein. Als Ausländer wird man nicht gleich von Händlern umringt, die irgend etwas Überflüssiges zu überhöhten Preisen verkaufen wollen. Auf dem Markt bietet ein Tibeter ein schmutziges Schneeleopardenfell zum Verkauf an.

Nach knapp dreistündiger Fahrt taucht schräg hinter uns über dem Horizont wie eine überirdische Erscheinung eine weiße Pyramide auf. Die Fahrgäste machen einander darauf aufmerksam, die Männer entblößen ihr Haupt. Unendlich fern, wie aus einer anderen Welt, schwebt sie über der begrünten Landschaft, so, wie man manchmal bei Tagesanbruch noch den Mond über dem Horizont sehen kann. Es ist der Gipfel des über 100 Kilometer entfernten Minya Konka. Die Tibeter sagen, sein Anblick komme zehn Jahren einsamer Meditation gleich. Ich kann das verstehen.

Schon am Mittag des nächsten Tages – es ist der 27. Mai – erreichen wir Garzê. Die etwa 5000 Einwohner sind überwiegend Tibeter. Ich befinde mich hier im Grenzgebiet zwischen den tibetischen Provinzen Kham im Süden und Amdo im Norden. Hier konnten sich einige kleine Fürstentümer halten, die auf ihre Unabhängigkeit sowohl vom Dalai Lama als auch von den Chinesen bedacht waren. Mit 3400 Meter ist es hier schon beinahe so hoch wie in Lhasa. Im Südosten liegen Schneeberge. Ich schätze sie auf 5500 Meter. Es ist schwülwarm, ein Gewitter kündigt sich an.

Nachmittags laufe ich zum großen Kloster, das sich mit seinen Tempeln und den Wohngebäuden für die Mönche einen Berghang hinaufzieht. Während ich durch das Gewirr der verschiedenen Gebäude langsam aufsteige, tönt mir lautes Stimmengewirr entgegen wie bei einer Protestversammlung von unzufriedenen Studenten. Ich folge dem Lärm. Da bietet sich mir ein überraschendes Bild: Auf einer von kleinen Bäumen beschatteten geräumigen Dachterrasse sitzt etwa ein Dutzend kleiner Gruppen von ganz jungen Mönchsschülern im Kreis um ihren Lehrer herum und üben das Disputieren. Das Argumentieren und das Gegenargumentieren spielen eine wichtige Rolle, insbesondere bei den Gelugpa. Hier lernen die Jungen gerade, wie sie mit einer triumphierenden Geste die Durchschlagskraft ihrer Argumente bekräftigen können. Sie klatschen kurz mit der linken Hand in die rechte und strecken dann blitzartig den rechten Arm empor, wobei sie sich noch ein zweites Mal schallend auf den Oberarm schlagen. Unterstützt wird dies alles durch laute Rufe.

Als die Jungen mich bemerken, springen sie auf und umringen mich. Alle wollen ein Bild des Dalai Lama von mir haben. Leider habe ich die Bilder in Chengdu zurückgelassen, niemals hätte ich erwartet, daß ich so weit in tibetisches Gebiet vordringen würde. Die herumtobenden Schüler können nur mit der Peitsche in Schach gehalten werden, die ein aufsichtführender, kräftig gebauter Mönch bei sich führt. Man braucht nicht zu befürchten, daß die Jungen viel davon spüren; der locker über ihrem Körper hängende Wollstoff hält manches ab.

Ich beschließe meinen Klosterbesuch mit einem Khor-wa, der Umwanderung der ganzen Klosteranlage im Uhrzeigersinn, wie es fromme Tibeter zu tun pflegen. Danach erreiche ich mein Rasthaus gerade noch vor Ausbruch eines schweren Gewitters.

Nebenan wohnen fünf junge Tibeter vom Chinese Tibetology Research Center mit Sitz in Peking. Sie sind unterwegs, um bis Ende November einen Bericht über die wirtschaftliche und kulturelle Lage der Tibeter für die Zentralregierung zu verfassen. Mit fünf Millionen bilden die Tibeter eine der größten völkischen Minderheiten in China. Nur etwa ein Drittel von ihnen lebt in der Autonomen Region Tibet, die anderen in den benachbarten chinesischen Provinzen.

Von den fünfen spricht Chang Ming besonders gut Englisch. Er ist hier in der Gegend zu Hause. In Shanghai hat er Wirtschaftswissenschaften studiert. Unter seinen Lehrern waren auch auf englisch unterrichtende Ausländer. Von ihm erfahre ich, daß die fünf bereits in Yunnan waren, daß dies hier ihre letzte Etappe in Sichuan ist und daß sie von hier nach Chamdo weiterfahren wollen. Die örtlichen Behörden sind gehalten, ihnen für ihre Reisen einen Jeep zur Verfügung zu stellen.

Abends kommen die fünf Tibeter zu mir aufs Zimmer. Ich erfahre alles mögliche über die Lage der Tibeter. Sie lassen kaum ein gutes Haar an den Chinesen, die sich hier alles Wertvolle holen, vor allem Holz, aber auch Gold, Silber und Uran. Wie könnten sie denn unter diesen Umständen für die Zentralregierung arbeiten, frage ich. I don't know, ist die ratlose Antwort. Am liebsten hätten auch sie ein unabhängiges Tibet. Sie haben von einer Erklärung der deutschen Bundesregierung gehört, wonach Tibet ein integraler Bestandteil Chinas sei. Das hat sie verstört. Sie sind sich jedoch darüber im klaren, daß es unrealistisch ist, die völlige Unabhängigkeit Tibets von China zu fordern.

Ich frage, ob sie etwas Neues gehört hätten über die Entwicklung auf dem Tian an men-Platz in Peking. Nein, nur, daß eine Nachrichtensperre verhängt sei. Dies scheine ein schlechtes Omen zu sein.

Morgen mittag soll ein Bus nach Dêgê fahren, noch einmal 200 Kilometer weiter nach Westen auf der Nordroute nach Lhasa. Solche Busse verkehren nur alle fünf Tage. Sie werden bereits in Kangding eingesetzt. Daher ist es nicht sicher, daß ich hier einen Platz bekomme. Die Chefin der Busstation verspricht mir jedoch, ihr Bestes zu versuchen. Sie ist eine Schönheit mit erlesenem, goldenem Ohrgehänge und einem goldenen, mehrfach gewundenen Fingerring. Gold findet man hier überall in den Flüssen.

Mittags treffe ich an der Busstation ein. Auch die fünf Tibeter wollen heute mit dem Bus nach Dêgê fahren, ausnahmsweise ist ihnen kein Jeep zur Verfügung gestellt worden. Nur wenige Passagiere steigen hier aus. Unter tätiger Mithilfe der tüchtigen Prinzipalin der Busstation wird folgendes vereinbart: Alle dürfen einsteigen und mitfahren. Damit ist der Bus jedoch überladen. Bei einer Polizeikontrolle würde eine Strafe fällig. Wir legen zusammen und geben dem Busfahrer im voraus das Strafgeld und außerdem natürlich das Fahrgeld. Sollte der Bus nicht kontrolliert werden, dann bekommen wir an der Endstation das hinterlegte Strafgeld zurück. Eine pragmatische Lösung, so etwas scheint hier gang und gäbe zu sein.

Auf halbem Wege nach Dêgê liegt die Ortschaft Maniganggo. Hier zweigt nach Nordwesten eine große Straße nach Jyekundo (chinesisch: Yushu) in Amdo ab. Unterwegs kommen wir an einem Yakkadaver vorüber, auf dem dicht an dicht Geier hocken, die sich durch uns kein bißchen bei ihrem Festmahl stören lassen.

Die letzte Etappe nach Dêgê führt noch einmal über einen hohen Paß. Der Himmel hat sich bedeckt, von den Bergen hängen Gletscherzungen herunter. Mühsam quält sich der überladene Bus hinauf zum 4915 m hohen Cho La. Dort oben herrscht dichtes Schneetreiben. Der Fahrer kann bei dem schlecht funktionierenden Scheibenwischer kaum noch die Straße erkennen. Auf der Paßhöhe ertönen von den Tibetern schrille Gebetsrufe.

Beim Hinunterfahren zeigt man mir die tief unten in einer Schlucht liegenden Trümmer eines vor wenigen Tagen abgestürzten Busses. Bis auf den Fahrer hätte niemand das Unglück überlebt. Die Landschaft hat sich geändert, die Täler sind jetzt tief eingeschnitten mit teilweise bewaldeten Hängen – aber auch hier hat der Raubbau begonnen. Pausenlos begegnen uns mit dicken Baumstämmen beladene Lastwagen, die ihre Fracht bis ins 900 Kilometer entfernte Chengdu transportieren.

Gegen Abend erreichen wir Dêgê. Ich werde in einem verkommenen Zimmer des staatlichen Rasthauses untergebracht. Zur Anmeldung muß ich aufs Polizeirevier, wo man mir einen angenehmen Aufenthalt wünscht. Als ich sage, ich würde von hier gerne nach Chamdo weiterreisen, verzieht der Beamte keine Miene und wünscht nur eine gute Fahrt. Chamdo, das liegt jenseits des Goldsandflusses bereits in der Autonomen Region Tibet. Sollte die Grenze wirklich offen sein? Ich kann das gar nicht glauben. Eher wohl nimmt der Beamte an, ich hätte eine Einreiseerlaubnis.

Bei einem Abendbummel durch den Ort nähert sich mir scheu ein Tibeter mit einer halbleeren Schnapsflasche in der Hand und zeigt mir verstohlen einen wunderbaren Dorje mit eingelegten Türkisen. Dorje wird mit Diamantzepter übersetzt. Es ist ein buddhistisches Kultgerät, das aus zwei gegenständigen, knospenartigen durchbrochenen Gebilden besteht, die durch einen kurzen Steg miteinander verbunden sind. Ob ich es kaufen wolle? Es ist ein herrliches Stück, ich kann mich aber nicht gleich entschließen. Auch müßte ich erst meine mitgebrachten Dollar irgendwo umtauschen. Das Dorje verschwindet wieder im Chuba des Tibeters. Nachts träume ich davon und von einer Reise nach Chamdo.

Dêgê war die Hauptstadt eines kleinen Fürstentums. Bis zum Einmarsch der Volksbefreiungsarmee gab es hier eine Königin. Berühmt ist der Ort aber wegen seiner Druckerei für die heiligen Schriften, die hier mit Holzstöcken auf die herkömmliche Weise produziert werden. Ich habe heute keine Geduld, mir das anzusehen, ich möchte zur Grenze und sehen, ob ich nach Tibet einreisen darf.

Beim Frühstück treffe ich einen jungen Chinesen, der

in Chamdo wohnt und heute nach Hause will. Er will die 30 Kilometer bis zur Brücke über den Goldsandfluß zu Fuß gehen. Dort bekäme man nachmittags immer einen Lastwagen nach Chamdo. Eilig hole ich meinen Rucksack aus dem Rasthaus, um mich ihm anzuschließen.

Mein Begleiter hat nur wenig Gepäck und trägt die landesüblichen leichten Turnschuhe. Er war ein paar Tage in Kangding auf Besuch. Mein Rucksack wiegt immerhin zehn Kilo, und an den Füßen trage ich meine mittelschweren Bergstiefel. Mit Hilfe meines Lexikons können wir uns ein wenig unterhalten. Er ist zwanzig Jahre alt und Frisör. Seine Verlobte in Chamdo könne sehr gut englisch sprechen, ich sei herzlich eingeladen bei ihm zu Hause. Was die Forderungen der demonstrierenden Studenten angehe, so unterstützt er sie voll und ganz: Deng Xiaoping und Li Peng sollten eiligst zurücktreten und alle Macht dem Generalsekretär der Partei, Zhao Ziyang, überlassen.

Der junge Mann legt ein mächtiges Tempo vor. Bei jedem Kilometerstein verkündet er freudig, daß es jetzt nur noch 24, 23 und so weiter, Kilometer seien. Es geht immer leicht bergab neben einem rauschenden Fluß. Die Hänge sind bewaldet, mit Ausnahme einiger steiler, felsiger Abschnitte. Man könnte an ein wildes Tal in den Alpen denken. Nur ist hier alles viel gewaltiger als dort und die von Zeit zu Zeit am Wegrand liegenden Chörten und Tempel tragen das ihrige dazu bei, daß keine Zweifel aufkommen können, wo wir uns befinden.

Die Sonne steht fast senkrecht am strahlend blauen Himmel, es wird immer wärmer. Ich spüre, daß sich am rechten Fuß Blasen bilden. Mein Begleiter ahnt wohl etwas von meinen Schwierigkeiten und erbietet sich, das Gepäck zu tauschen. In einem kleinen Laden kauft er

Bier für uns. Von Zeit zu Zeit überholt uns ein Lastwagen, aber keiner nimmt uns mit. Endlich taucht vor uns die riesige Felswand an der Westseite des von Norden nach Süden fließenden Goldsandflusses auf. Der Fluß in unserem Tal erreicht ihn von Nordosten her. Sein klares Wasser hat sich in kurzer Zeit mit den braunen Fluten des mächtigen Jinsha Jiang vermischt.

Etwa einen Kilometer flußabwärts erscheint eine stattliche Steinbrücke über den Goldsandfluß. Zwei schön geschwungene Bögen treffen sich auf einem im Fluß errichteten Mittelpfeiler. Jeder dieser großen Bögen trägt über sich eine Kette kleinerer Bögen, deren Höhe zum Scheitel des großen Bogens hin abnimmt und deren Oberkante dadurch eine horizontale Linie bildet, welche die Fahrstraße trägt. Dies ist wirklich ein architektonisches Meisterwerk.

Wir laufen über die Brücke. Auf der gegenüberliegenden Felswand ist mit bunten tibetischen Schriftzeichen der Name der Autonomen Region Tibet verzeichnet. Die Fahrstraße biegt nach links ab zu einem Kontrollpunkt mit einer Schranke. Ich habe die dunkle Ahnung, daß ich hier nicht weiterkommen werde.

Wir gehen zum anderen Ufer zurück. Mein Begleiter sagt, hier würden immer die Lastwagen nach Chamdo halten. Es wird sechs Uhr abends, bis endlich ein Fahrzeug kommt. Hinten auf der Plattform sind Bänke für die Passagiere aufgestellt. Als der Fahrer mich sieht, sagt er, es hätte gar keinen Sinn, daß ich aufstiege, beim Kontrollpunkt auf der anderen Seite würde ich wieder hinuntergeworfen. Mein Frisör ist fassungslos. Aber was bleibt uns anderes übrig, wir müssen uns trennen. Enttäuscht bleibe ich zurück. Noch einmal schöpfe ich Hoffnung, als ein anderer Lastwagenfahrer sich für teures Geld erbietet, mich im Führerhaus bis Chamdo mitzunehmen. Dann aber, an der Sperre auf der anderen Seite, geschieht das, was ich erwartet hatte, ich muß wieder aussteigen.

So werde ich mich damit abfinden müssen, in diesem Jahr nur ein paar Schritte ins eigentliche Tibet hinein getan zu haben. Fast 1000 Kilometer bin ich von Chengdu bis hierher gefahren. Bis Lhasa wären es noch einmal 1400 Kilometer, aber das bleibt mir verschlossen. Ich muß an den Rückweg denken.

Ich steige das Steilufer hinunter zum Goldsandfluß und benetze zum Abschied Gesicht und Hände. Die Abendsonne taucht die große Brücke in ein goldenes Licht. Erst aus dieser Perspektive entfaltet das Bauwerk seine ganze Schönheit. Es ist das Werk chinesischer Ingenieure. Die Tibeter hatten hier niemals eine große Brücke. Mit dieser Brücke und den zugehörigen Straßen haben die Chinesen die tibetische Provinz Kham wirtschaftlich eng an ihr Kernland angeschlossen. Zugleich hat die Straße große militärische Bedeutung. Im Abstand von jeweils etwa 100 Kilometern unterhalten die Chinesen Garnisonen. Als ich hier heute nachmittag wartete, sah ich drei große Busse mit Soldaten über die Brücke nach Westen fahren.

Es ist schon spät, die Dämmerung bricht herein. Bis nach Dêgê komme ich heute auf keinen Fall mehr. Aber irgendwo muß ich ja übernachten. Unschlüssig gehe ich langsam die Straße zurück. Hirten kommen mir entgegen, die ihre Tiere zum Trinken an den Fluß treiben. Neben der Straße gibt es vereinzelt Gehöfte, ob ich dort schlafen könnte? Aber da erinnere ich mich an die aggressiven Tibethunde auf dem Land. Im letzten Jahr hatte ich mit ihnen schon schlechte Erfahrungen gemacht. Tagsüber sind sie meist angekettet, aber nachts läßt man sie frei herumlaufen.

Erschöpft setze ich mich an den Straßenrand. Ein zerlumpt gekleidetes Mädchen treibt seine kümmerliche Herde vorüber, ihr Vater folgt hinterher. Als ich ihn anspreche und ihm bedeute, daß ich einen Platz zum Schlafen suche, bemerke ich, daß er ein steifes linkes Auge hat. Mit dem anderen starrt er gierig auf meine Ausrüstung und die Hosentasche mit dem Geld. Ich solle doch dort hinauf in den Wald mitkommen, schlägt er vor, und weist auf den Berghang. Dort kann ich jedoch keinerlei Behausung entdecken und die Sache beginnt mir unheimlich zu werden. Schließlich weiß kein Mensch, wo ich mich befinde. Falls man in Dêgê noch an mich denken sollte, so nimmt man sicherlich an, ich sei in Chamdo. Niemandem würde es auffallen, wenn ich hier verschwinde. Ich lehne das Angebot des Mannes ab und zeige ihm zur Bekräftigung meinen lädierten rechten Fuß, mit dem ich nicht mehr steigen könne. Die zersprungenen Blasen hatte ich am Fluß mit Jod bepinselt, so sieht es schlimmer aus, als es ist.

In diesem Augenblick kommt ein anderer Tibeter die Straße herunter, offenbar eine Respektsperson. Mit barschen Worten fährt er den unheimlichen Viehhirten an, der eiligst verschwindet. Als ich wieder den Wunsch nach einem Schlafplatz vorbringe, heißt der Mann mich mitkommen.

Während wir zu seinem Anwesen laufen, schießt plötzlich ein wütend bellender Hund aus einem Gehöft auf uns zu. Nur mit Mühe gelingt es meinem Begleiter, der doch bestimmt Erfahrung hat in solchen Dingen, das Tier zu vertreiben. Nur gut, daß ich nicht alleine weitergegangen bin.

Das Hoftor meines Gastgebers ist mit dicken Balken verriegelt. Im Innenhof ist der Hund noch in einer Ecke angekettet. Oben über dem Hof verläuft diagonal ein Seil. Nachts wird der Hund an dieses Seil gebunden. Auf diese Weise kann er den gesamten Hofraum überstreichen und jeden Eindringling abwehren. Mein Schlafplatz ist auf dem Boden eines halb verfallenen Schuppens an der Rückseite des Innenhofes. Der Tibeter fegt ihn frei von Staub. Dann holt er aus seinem Haus ein Säckchen mit Tsampamehl und eine Thermoskanne mit heißem Wasser. Damit soll ich mein Tsampa bereiten. Mein Teebecher eignet sich nicht gut dafür, man müßte dafür eine flache Schale haben, wie sie die Tibeter meist in ihrem Chuba bei sich tragen. Außerdem habe ich keine Übung, aus dem pudertrockenen Mehl und dem heißen Wasser eine teigartige Paste zu mischen. Das meiste hängt schließlich an meinen Fingern. Mein Gastgeber schaut sich das amüsiert an. Er hinterläßt eine brennende Kerze und wünscht mir eine gute Nacht.

Es ist fast acht Uhr, als ich erwache. Mein Wirt kommt mit dem Tsampasäckchen, einer Kanne heißen Wassers und dazu diesmal noch mit Zucker und einer flachen Schale für den Tsampabrei. Diesmal geht es schon besser als gestern abend, mit dem Zucker schmeckt es nicht schlecht. Zum Abschluß trinke ich noch heißes Zuckerwasser. Mein Gastgeber sitzt die ganze Zeit dabei und beobachtet mich. Allmählich beginnen wir, einander zu mögen. Ich merke das an seinen Augen, Worte können wir ja nicht miteinander wechseln. Zum Abschied hinterlasse ich etwas Geld.

Es ist angenehm kühl. Ich gehe nicht schnell, ich habe ja den ganzen Tag Zeit, um bis Dêgê zu gelangen. Die Einheimischen laufen schneller als ich. Wenn sie sich von hinten nähern, so halten sie sich ein Weilchen neugierig neben mir und gehen dann in ihrem eigenen Tempo weiter. Von einem bekomme ich Bonbons geschenkt. Schließlich nimmt mich ein Minitrecker mit bis nach Dêgê.

Heute ist der letzte Tag im Mai. Vergebens versuche ich, einen Lastwagenfahrer zu überreden, mich in Richtung Chengdu ein Stück mitzunehmen. So muß ich bis zum 4. Juni warten, dem Tag, an dem ein Linienbus nach Kangding fährt. Der Monsun hat inzwischen in voller Stärke eingesetzt. Wenn es einmal nicht regnet, mache ich kleine Ausflüge in die Seitentäler. Ich habe auch Zeit, die Druckerei zu besichtigen. Das Papier wird hier am Ort hergestellt, die Druckstöcke sind nach alten Vorlagen geschnitzt. Nur im Sommer kann gedruckt werden, im Winter ist es dafür zu kalt.

Am 7. Juni gegen Mittag erreiche ich wieder Chengdu. In meinem Hotel höre ich zum ersten Mal davon, daß am vergangenen Sonntag, dem 4. Juni, der Platz des Himmlischen Friedens in Peking gewaltsam von den Demonstranten geräumt wurde, wobei es viele Tote gegeben hat. Gleichzeitig habe man auch hier in Chengdu die Studentendemonstrationen gewaltsam beendet. In den letzten Tagen vor dem 4. Juni hätten sich mehr und mehr Randalierer und Plünderer unter die Studenten gemischt. Vor allem unter diesen hätte es Tote gegeben, weniger unter den Studenten, die bereits begonnen hatten, sich aus dem Chaos zurückzuziehen.

Hier im Jiatong Hotel sieht alles aus wie immer. Als ich zum Jin Jiang Hotel hinüberlaufe, sehe ich dort die Spuren der Gewalt, zerbrochene Kandelaber und Glastüren. Hier soll es Tote gegeben haben, als Plünderer das Hotel zu stürmen versuchten. Die meisten Ausländer haben das Land fluchtartig verlassen. Ich sehe dazu jedoch keinerlei Grund. Die Studentendemonstrationen waren niemals eine Massenbewegung. Daher bedeutet jetzt auch ihre Niederschlagung für die überwiegende Mehrheit der Chinesen kaum etwas, für sie geht das Leben weiter wie bisher.

# Der weite Weg zum Kailas

**D**er Kailas (tibetisch: Gang Rinpoche, das heißt Schneejuwel) ist ein Berg ganz im Westen von Tibet. Er liegt etwa 100 Kilometer nördlich des Punktes, an dem Tibet, Indien und der äußerste Westen von Nepal aneinanderstoßen. Mit 6714 Meter ist er, gemessen an den Achttausendern des Himalaja, nicht besonders hoch. Seine isolierte Lage im tibetischen Hochland und seine Gestalt prädestinieren ihn jedoch zu einem der bedeutsamsten Berge der Erde.

Der Kailas erhebt sich über der Nordseite einer großen Ebene mit zwei Seen, dem Rakas Tal im Westen und dem Manasarovar im Osten. Sein Gipfel bildet eine fast perfekt geformte vierseitige Pyramide, deren Seitenflächen durch horizontale Bänder strukturiert sind. In seiner unmittelbaren Umgebung entspringen vier große Flüsse: der Indus im Norden, der Sutlej im Westen, der Karnali-Ganges im Süden und der Tsangpo (Brahmaputra) im Osten.

Ein in so vielfacher Weise ausgezeichneter Berg mußte seit Urzeiten bei den Menschen religiöse Assoziationen wecken. So gilt er etwa den Hindus als Verkörperung des Weltberges Meru, jenes großen mythologischen Berges, der die Achse des Weltsystems bildet. Nicht nur für den Hinduismus, auch für den Buddhismus und Jainismus, ebenso wie für die Bön-Religion Tibets, wurde der Kailas zum Heiligtum, um das sich viele Legenden ranken. Eine Pilgerfahrt zum Kailas gilt in all diesen Religionen als höchst verdienstvoll.

Ausländer können seit 1983 von Lhasa aus mit einem Geländewagen bis an den Fuß des Kailas fahren. Üblicherweise geschieht dies auf der Nordroute durch die Hochebene Chang Tang bis hin nach Ali, dem Hauptort der Westprovinz Ngari. Von dort geht es dann in südöstlicher Richtung zum Kailas. Diese Route ist 2100 Kilometer lang. Außerhalb der Monsunzeit kann man auch die Südroute zum Kailas befahren. Sie führt das Tal des Tsangpo aufwärts bis zu seiner Quelle. Dies ist der historische Karawanenweg von Zentraltibet nach Westen. Er ist 1300 Kilometer lang. Schließlich kann man auf einer 1700 Kilometer langen Straße von Kaschgar in der Provinz Xinjiang aus über Ali den Kailas erreichen. Hat man einmal die Südseite des Kailas-Massivs erreicht, so pflegt man die Umwanderung zu machen, Parikrama auf Sanskrit. Es ist der Höhepunkt einer jeden Kailastour und Traumziel aller Tibetreisenden.

Mitte Juli 1990 schließe ich mich in Tibet einer Gruppe von sechs Deutschen an, die die Kailastour machen wollen. Ehe ich mich an die Höhe gewöhnen kann, geht es schon los. Für die Hinfahrt benutzen wir die Nordroute. Bei Lhatse, auf halbem Wege an der Fernstraße von Lhasa nach Katmandu, setzen wir auf einer Fähre über den Tsangpo. Wir folgen dem Tal des Tsangpo bis Saga, wo wir nach Norden abbiegen und über den 5450 m hohen Berzik La den Transhimalaja überqueren. Dies ist die Wasserscheide zwischen dem Einzugsgebiet des Tsangpo und dem Chang Tang. Am nächsten Tag erreichen wir die von Osten nach Westen verlaufende Fernstraße, welche Amdo, an der Straße von Lhasa nach Golmud gelegen, mit Ali verbindet. Wir folgen dieser Straße und erreichen am sechsten Tag Ali. Hier haben wir den Oberlauf des Indus erreicht.

Am nächsten Tag fahren wir in südöstlicher Richtung das wüstenartige Tal des Gar Tsangpo hinauf. Es ist staubig und heiß unter der glühenden Sonne. Kurz hinter Gartok biegen wir nach rechts in die Berge ab. Über den 5200 m hohen Bogo La verlassen wir das Einzugsgebiet des Indus und erreichen das Einzugsgebiet des Sutlej. Ganz überraschend öffnet sich beim Hinunterfahren der Blick auf den gewaltigen Hauptkamm des Himalaja. Genau im Süden dominiert der 7817 m hohe Nanda Devi die Szene, ein den Hindus heiliger Berg. Er liegt bereits in Indien. Nicht so auffällig ist der weiter rechts, also weiter westlich gelegene 7756 m hohe Kamet. Danach flacht sich der gegen Nordwesten verlaufende Himalaja deutlich ab. Ganz rechts erscheint die Zanskarkette in Kaschmir.

Wir besteigen einen links der Straße gelegenen Hügel mit einem Lhatse. Von hier aus könen wir links vom Nanda Devi den perspektivisch stark verkürzten, nach Südosten sich erstreckenden Hauptkamm des Himalaja noch bis zum Dhaulagiri (8172 m) und dem benachbarten Annapurna (8078 m) verfolgen. Dies erscheint beinahe unglaublich, sind doch diese Achttausender mehr als 500 Kilometer von unserem Standort entfernt und befinden sich bereits im mittleren Nepal, nahe dem Königreich Mustang. Lange können wir uns nicht trennen von diesem einmaligen Anblick.

Über zahlreiche Serpentinen fahren wir hinab. Es wird dunkel, wir können uns nicht so schnell auf einen Ort für ein Nachtlager einigen. Immer wieder geht es über kleinere Pässe hinauf und dann hinunter zu einer Brücke. Schließlich zwingt uns die vorgerückte Stunde zu einem notdürftigen Nachtlager an einer Brücke. Da ich kein Zelt dabei habe, schlafe ich wieder auf den Vordersitzen.

Beim Weiterfahren treffen wir auf eine phantastische Canyon-Landschaft. Wir fahren auf der Sohle dieses einige hundert Meter tiefen Tales entlang. Seitlich ragen die halbzylinderförmigen Sandsteinformationen in prächtigen Ockerfarben auf, wie bei einem überdimensionalen südindischen Tempel. Nach etwa 30 km öffnet sich die Schlucht zu dem weiten Tal des Sutlej, der von links, von Südosten her, aus dem Kailasgebiet heranströmt. An der Brücke wird unser Permiß von einem Posten kontrolliert; wir befinden uns hier im Grenzgebiet zu Indien, mit dem China in einem gespannten Verhältnis lebt. Tief unten ist noch eine alte Brücke aus tibetischer Zeit zu erkennen.

Jenseits der Brücke erreichen wir Toling, nur noch 3700 m hoch gelegen. Toling war die erste Hauptstadt des kurz vor 900 gegründeten Königreichs Guge. Hier, im fernen Westen Tibets, konnte sich der Buddhismus auch in der Zeit der Verfolgung halten und von hier nahm die spätere Bekehrung Tibets ihren Ausgang. Auf seinem Weg nach Zentraltibet verbrachte der Pandita Atisha drei Jahre in Toling. In dieser Zeit verfaßte er sein berühmtestes Werk, »Die Lampe auf dem Weg zur Erleuchtung«. Um 1400 wurde die Hauptstadt nach dem etwa 15 Kilometer südlich gelegenen Tsaparang verlegt. Noch vor 1700 gab man Tsaparang auf, und das Königreich Guge verschwand, da sich offenbar die Lebensbedingungen entscheidend verschlechtert hatten. Vermutlich ist der Grundwasserspiegel abgesunken. Heute jedenfalls breitet sich hier eine wüstenartige Berglandschaft aus. Toling kann nur durch künstliche Bewässerung überleben.

In dieser abgelegenen Gegend Tibets haben sich – begünstigt vom trockenen Klima – einzigartige Zeugnisse sakraler Kunst erhalten. Der Italiener G. Tucci hat diese Werke 1933 wiederentdeckt. Kurz vor der Ankunft der chinesischen Kommunisten in Tibet nahmen Lama Govinda und Li Gotami eine sorgfältige Bestandsaufnahme der Figuren und Fresken in den beiden größten Tempeln

**Die Ruinen des Tempelbergs von Tsaparang, der zweiten Hauptstadt des einstigen kleinen westtibetischen Königreichs von Guge**

vor. Aber dann suchten die Roten Garden auch Tsaparang heim und richteten schlimme Verwüstungen an. Seit 1985 dürfen westliche Reisegruppen mit einer Sondererlaubnis hierher kommen.

Wir halten nicht in Toling, sondern fahren gleich weiter nach Tsaparang. Hinter einer Wegbiegung bei einer kleinen Siedlung erscheint plötzlich der aus grauem Felsgestein gebildete Residenz- und Tempelberg von Tsaparang. Der Zugang ist durch ein hölzernes Tor verriegelt. Gleich nebenan in einem kleinen Gebäude sitzt der Wächter. Neben ihm auf dem Boden steht ein halb geleerter Plastikkanister mit Chang. Vergnügt, eine Zigarette hinter der anderen rauchend und mit gewaltiger Fahne kommt er mit uns, um das Tor zu öffnen und danach die ebenfalls verschlossenen Zugänge zu den sich den Berg hinaufziehenden Tempeln. Während wir dort hineingehen, bleibt er draußen sitzen – jeder kann soviel fotografieren, wie er möchte.

Die verbliebenen Wandmalereien sind das Eindrucksvollste, was ich in Tibet an sakraler Kunst zu sehen bekomme. Es handelt sich um Werke aus dem 15. Jahrhundert, die für eine königliche Residenz bestimmt waren. Durch einen Tunnel geht es weiter hinauf zum Mandala-Tempel. Das früher darin enthaltene räumliche Mandala ist völlig zerstört. Aus dem Schutt am Boden sammle ich einige Metallstücke und ein kleines bemaltes Tonfragment. Die Malereien sind indes noch weitgehend erhalten. Nebenan steht der Palast des Königs. Von hier oben kann man das ganze Sutlej-Tal überblicken, eine völlig verdorrte, wüstenähnliche Landschaft ohne jedes Anzeichen von Leben.

Was wir hier sehen, gehört zu den ganz wenigen Resten von heute noch in Tibet vorhandener alter Kunst.

Aus diesem Grunde sind sie für Besucher aus dem Westen so interessant. Ein frommer tibetischer Pilger hingegen würde sich schwerlich die Mühe machen, hierher zu kommen. Längst sind die Gottheiten und Heiligen nicht mehr präsent in ihren Darstellungen. Als der Ort verlassen wurde, waren auch sie nicht mehr an ihn gebunden. Wo keine Menschen sind, da sind auch keine Götter. Für einen gläubigen Tibeter zählt nicht das Alter des Objektes seiner Verehrung, sondern, daß die Gottheit darin wohnt. So wird die Statue des Jowo Sakyamuni im Jokhang in Lhasa heute so verehrt wie eh und je, obwohl die Figur wahrscheinlich erst nach der Kulturrevolution neu entstand.

Zum Übernachten kehren wir nach Toling zurück. Dort besuche ich den alten Tempelkomplex. An ihm fallen die an den äußeren vier Ecken stehenden, das Tempeldach weit überragenden Chörten auf, die dem Ganzen einen indischen Charakter verleihen. Ein Tibeter winkt mich in einen inneren Hof. Dort öffnet mir ein Mönch das Tor zu einer geräumigen, säulengestützten Gebetshalle. An den Wänden finden sich Malereien. Nicht weit davon liegt der Chörten des Königs Yeshe Ö, der um die Jahrtausendwende lebte.

Am nächsten Tag fahren wir in das Tal des Gar Tsangpo zurück und erreichen über eine Paßhöhe die breite Piste, die in die weite Ebene südlich des Kailas führt. Auf der rechten Seite treten mehr und mehr die gewaltigen Konturen des 7728 m hohen Gurla Mandhata hervor. Vor uns und etwas links liegt ein weniger prominenter Gebirgsstock. In ihm muß der Kailas stecken. Erst kurz vor unserem Ziel bekommen wir ihn zu Gesicht, er wird immer wieder von Wolken verdeckt. Ohnehin bietet er sich von der Seite, von der wir uns nähern, nicht auf das vorteilhafteste dar. Dazu müßte man von Süden kommen. Jedenfalls sind wir am Ziel. Mit Schwung fahren wir die letzte Steigung nach Darchen hinauf, das auf dem flachen Geröllkegel eines im Süden aus dem Kailasmassiv austretenden kleinen Flusses liegt.

Darchen, 4570 m hoch, ist Ausgangspunkt und Ende für den Parikrama. Der Pilgerweg um den Kailas ist ungefähr 55 km lang. Von hier aus steigt der Weg kontinuierlich an. Wenn man, wie die meisten Pilger, den Berg im Uhrzeigersinn umwandert, erreicht man nach reichlich 30 Kilometern den höchsten Punkt des Pilgerweges, den 5670 m hohen Drölma La.

In dem zwölfteiligen Tierzyklus des tibetischen Kalenders ist 1990 ein Jahr des Pferdes. Die Kombination des Tierzyklus mit den fünf Elementen Feuer, Erde, Eisen, Wasser und Holz liefert einen sechzigjährigen Zyklus. In diesem Jahr haben wir das Paar Eisen/Pferd.

In einem Pferdejahr zählt eine Umwanderung des Kailas dreizehnfach. Nach der buddhistischen Heilslehre kann ein frommer Pilger, der den Kailas mindestens 108mal umwandert hat, mit seinem Tod ins Nirwana eingehen. Er kann allerdings auch darauf verzichten und als Bodhisattva den Hilfe suchenden Menschen beistehen. Die Zahl von mindestens 108 Umwanderungen erzielt man in einem Pferdejahr bereits mit neun Umwanderungen. In einem Pferdejahr kommen daher immer besonders viele Pilger zum Kailas.

Wir übernachten im Indischen Pilgerhaus, einem der wenigen festen Gebäude von Darchen. Die meisten Pilger schlafen in Zelten, manche auch im Freien oder unter dem Vordach unseres Hauses.

Der Grenzübergang von Nepal nach Tibet bei Purang, etwa 100 Kilometer südlich von hier, ist für nepalesische

Restaurierter Chörten – das traditionelle Grabmal für hochgestellte Lamas – am Parikrama um den heiligen Berg Kailas

Pilger geöffnet. Sie brauchen weder Ausweispapiere noch einen Passierschein. In Tibet dürfen sie nur die direkte Route von Purang zum Kailas benutzen, und hier am Kailas müssen sie auf dem Pilgerweg bleiben. Da andererseits Inder ohne Kontrolle nach Nepal einreisen dürfen, gelangen auch indische Pilger über Nepal hierher. Man erkennt sie an den weißen Dhotis, die ihre lange dürre Gestalt nur notdürftig umhüllen.

Morgen wollen wir mit dem Parikrama beginnen und dann am dritten Tag wieder hier ankommen. Für diese Zeit müssen wir Verpflegung mitnehmen, Schlafsäcke und Zelte. Zum Transport dieser Sachen mietet unsere chinesische Führerin vier Yaks.

Am späten Nachmittag hat man einen wunderbaren Ausblick nach Süden auf die weite Ebene mit dem Gurla Mandhata im Hintergrund. Von seiner langgestreckten runden Gestalt geht etwas Beruhigendes aus. Im Vordergrund erkennt man das dunkle Blau des Rakas Tal. Der Manasarovar, der größere der beiden Seen, ist von hier aus nicht zu sehen. Er wird von Buddhisten und Hindus gleichermaßen verehrt. Sie setzen ihn in Beziehung zum Licht, zur Sonne, zum Guten, auch zum Männlichen. Der Rakas Tal hingegen wird einer Verehrung nicht für würdig befunden. In ihm verkörpern sich die Finsternis, der Mond, das Böse, auch das Weibliche.

Die Fahrer gehen schon früh um sechs Uhr los, der Vollmond läßt sie ihren Weg gut erkennen. Sie wollen den Parikrama an einem Tag bewältigen. Das ist gar nicht so ungewöhnlich. Zwei Tage sind für die Einheimischen allemal genug. Wenn wir uns drei Tage Zeit lassen, so ist dies nur dadurch gerechtfertigt, daß wir bei den beiden Klöstern Dira Phuk im Norden und Zutrul Phuk im Osten übernachten wollen. Mit diesen Zwischenstationen sind es genaugenommen ein 9-Stunden-Tag, ein 12-Stunden-Tag und ein 3-Stunden-Tag.

Die beiden Yaktreiber erscheinen mit ihren Tieren erst gegen zwölf Uhr. Um diese Tageszeit sind wir die einzigen, die noch mit dem Parikrama beginnen. Der Pilgerweg ist nicht zu verfehlen: Er führt immer am Fuß des Kailasmassivs entlang. Der Gipfel des Kailas ist die meiste Zeit durch die Vorberge verdeckt. Aber dort, wo Klöster stehen, hat man eine gute Aussicht auf den heiligen Berg.

Hinter einer kleinen Paßhöhe mit einem stattlichen Lha-tse biegt der Weg nach Norden hin um in das tief eingeschnittene Tal des Lha chu. Weiter führt er an dem mit Gebetsfahnen geschmückten Flaggenmast (Tarboche) vorbei, der jedes Frühjahr in einer feierlichen Zeremonie neu aufgerichtet wird. Fette Murmeltiere mit zwei großen Schneidezähnen und winzige schwanzlose Nager sind meine Gefährten. Die Tauben hier sehen ganz ähnlich aus wie bei uns zu Hause. Links am Hang erscheint das Kloster Nyanri.

Der Weg steigt langsam, aber stetig an. Ich überhole einen Mann und eine Frau, die den Parikrama durch Prostrationen vollziehen. Sie werfen sich der Länge nach auf den Weg, stehen auf und wiederholen dies dann von dem Punkt aus, den sie mit ihren Fingerspitzen erreicht haben. Dabei schützen sie ihre Knie und Hände gegen Abschürfungen mit Brettern und Leder. Der Parikrama in dieser Form dauert etwa 13 Tage. Er zählt auch dreizehnfach gegenüber dem Parikrama im Gehen. Für die beiden müßte es in diesem Jahr zum Nirwana reichen.

Das Tal gabelt sich. Geradeaus geht es zur Indusquelle, ich halte mich rechts. Da kommen auch die Treiber unserer Yaks und bedeuten mir, daß es nicht mehr weit sei bis zum Rastplatz, der sich gegenüber der Dira Phuk Gompa bei einem locker gedeckten Steinhaus in 4830 m Höhe befindet.

Gelegentlich reißen die Wolken auf und geben den Blick frei auf die Nordflanke des Kailas. Die Inszenierung ist perfekt: Zwei Vorberge lassen zwischen sich einen V-förmigen Ausschnitt frei, der die Kulisse bildet. Dazwischen und dahinter ragt drohend eine gewaltige schwarze Pyramide auf. Dadurch entsteht der Eindruck, als wolle sich das schwarze Ungetüm auf den Betrachter stürzen.

Meine Tourkameraden haben bereits ihre Zelte im Steinhaus aufgestellt. Dort hatten sich bereits fünf Nepalesen einquartiert, die kein Zelt mit sich führen. Auch ich bin ohne Zelt. Ich zwänge mich auf engstem Raum zwischen ein Zelt und einen der Nepalesen, mein Gepäck lege ich unter meinen Kopf.

In meiner eingezwängten Lage schlafe ich ziemlich schlecht. Wir erheben uns erst beim Hellwerden. Heute steht uns der längste und schwierigste Tag des Parikrama bevor. Es ist trübes Wetter, nicht kalt, ideal zum Laufen. Anders als gestern mittag wimmelt es heute von Pilgern. Sie müssen bereits ganz frühmorgens in Darchen losgegangen sein.

Das Laufen macht mir keinerlei Mühe, wenn ich es so einrichte, daß ich dabei nicht außer Atem komme. Es ist viel besser, langsam, auch sehr langsam zu gehen und keine Pause zu machen, als etwas zu schnell und dann verschnaufen zu müssen. Sich ausruhen beim Gehen, so muß es sein.

Die meisten Pilger sind schneller als ich. Auf einmal höre ich eine weibliche Stimme: Do you see the dead man? Ich hatte bereits rechts vom Wege die zahlreichen auf engem Raum ausgebreiteten regenfeuchten Klei-

**Ausblick auf die riesige Nordflanke des Kailas, vom Kloster Dira Phuk aus gesehen**

dungsstücke gesehen, als ob jemand hier den Inhalt der Säcke von einer Kleidersammlung ausgeschüttet hätte. Ich wende mich um. Eine junge Frau mit Sonnenhut, rotem Anorak, roten Handschuhen und braunrotem langem Wollrock in Turnschuhen steht neben mir und zeigt auf einen Platz hinter den ausgebreiteten Kleidern. Dort liegt auf abschüssigem Gelände ein nackter Körper, die ausgestreckten Beine mit Steinen festgehalten, leicht erigiertem Penis, unbehaartem Rumpf und ausgebreiteten Armen. Der Kopf scheint verdeckt zu sein durch den gewölbten Brustkorb. Erst als ich näher herantrete, erkenne ich, daß Schädel und Gesicht zertrümmert sind. Vielleicht wollte man die Identität des Toten nicht preisgeben.

Dies hier ist der Bestattungsplatz unterhalb des Drölma La. Die Leichen sollen von Hunden und Vögeln gefressen werden. Später wurde mir erzählt, daß dieser Mann schon seit drei Tagen dort liegt. Wenn sich kein Tier findet, das einen Toten anrührt, dann ist das die größte Schmach, die ihm widerfahren kann. Der Betreffende muß in seinem Leben großes Unrecht begangen haben, für das er nun zu büßen hat.

Meine Gesprächspartnerin ist eine tibetische Nonne, die in Nepal lebt. Auf meine Bitte hin läßt sie sich ohne weiteres fotografieren. Sie setzt sich dazu locker auf einen Stein und nimmt ihren Sonnenhut ab, wodurch ihre kurz geschnittenen Haare zum Vorschein kommen. Sie macht heute zum achtenmal hintereinander den Parikrama, es dauert immer nur einen Tag. Wenn sie morgen noch einmal geht, dann hat sie, wegen der dreizehnfachen Zählung, genügend Umrundungen beisammen für den Eintritt ins Nirwana. Sie zeigt mir ihre Gebetskette, die ihr der Dalai Lama persönlich geschenkt hat. Ich lasse mir ihre Anschrift geben, damit ich ihr ein Bild schicken kann. Dann macht sie sich flinken Schrittes wieder auf den Weg, ich gehe langsam hinterher.

Ich nähere mich dem letzten Steilstück vor der Paßhöhe. Hier sind meine Schritte nicht länger als ein halber Schuh. Bei einem Schritt wird eingeatmet und beim anderen ausgeatmet. Das funktioniert sehr gut, ich spüre keinerlei Kopfschmerzen oder Schwindel; allerdings wäre es schon ganz schön, wenn die Steigung bald aufhören würde. Aber damit ist es so bald nichts.

Überholende Pilger rufen mir Ermunterungen zu, einer schenkt mir Kandiszucker. Wenn es auch mühsam ist, zum Verzweifeln ist kein Anlaß. Schließlich erscheint die Paßhöhe mit ihren unzähligen, an langen Leinen aufgereihten Gebetswimpeln. Noch wenige Schritte, und ich stehe vor dem großen Drölmastein in fast 5700 Metern Höhe.

Ich wußte, daß die Pilger hier persönliche Andenken hinterlassen, deshalb hatte ich mir zu Hause einen vor Jahren abgebrochenen Backenzahn eingesteckt, an dem noch eine Goldplombe klebte. Ihn schiebe ich hier nun in die quer über den ganzen Stein verlaufende Ritze und verneige mich, so daß meine Stirn den Stein berührt. In der Ritze stecken schon andere Zähne und auch Haarbüschel. Die ganze Frontseite des Felsens ist schmierig von der Butter, mit der man Geldscheine angeklebt hat.

Beim Abstieg überholen mich leichtfüßig junge Tibeter, die ihrer Lebensfreude durch lautes Singen Ausdruck geben. Tief unten erscheint ein kleiner See, der Gaurikund (indisch) oder Tukdsche tso (tibetisch). Indische Pilger nehmen dort rituelle Waschungen vor. Am Rande eines Schneefeldes schöpfe ich Trinkwasser. Ich suche mir abseits des Weges ein windgeschütztes Plätzchen zwischen den Steinen mit etwas Moos. Ein Graupelschauer weckt mich aus meinen Träumen, mich fröstelt, langsam gehe ich weiter. Ob ich jemals wieder in solche Höhe kommen werde?

Dann geht es etwa 800 Meter steil bergab. Ich habe meine Technik dafür, so bereitet mir das keinerlei Schwierigkeiten. Unten erreiche ich das wasserreiche Tal an der Westflanke des Kailas. Überall sitzen kleine Gruppen beim Picknick. Man bietet mir heißen tibetischen Tee an, was ich gerne annehme. Ich fühle mich dadurch sehr gekräftigt. Mit einem Foto des Dalai Lama bedanke ich mich, der Empfänger führt es ehrfurchtsvoll an seine Stirn.

Die Treiber unserer Yaks überholen mich, sie weisen mich an die rechte Seite des Tals. Um dahin zu gelangen, muß ich mehrere reißende Bäche überqueren – eine unerwartete Herausforderung. Ich versuche, es den Einheimischen nachzumachen, die leichtfüßig von Stein zu Stein springen. Ein paarmal hält einer von ihnen an, um mir den besten Weg zu zeigen. Es ist wichtig, genügend Schwung zu haben und die Angst zu überwinden, daß man abrutscht von den Trittsteinen. Man muß sich vorher genau überlegen, wie man springen will. Mit Kräften, die ich nach diesem langen anstrengenden Tag kaum noch bei mir vermutet hätte, gelange ich trockenen Fußes schließlich an die andere Talseite.

Aus dem alten Tibet wird von den Lung-Gom-Pa berichtet, den Tranceläufern, die sich unbewußt aller Hindernisse und körperlichen Anstrengungen ihrem Ziel entgegenbewegen und dabei kaum den Boden berühren. Ob sich mir ein Hauch davon mitgeteilt hat bei meiner Flußüberquerung?

Zutrul Phuk ist immer noch nicht in Sicht. Ich denke schon, daß ich vielleicht bereits daran vorbeigelaufen bin, ohne es zu bemerken. Aber dann, zwölf Stunden nach dem Aufbruch, erreiche ich das Rasthaus unterhalb des Klosters.

Vor dem Aufbruch zur letzten Etappe der Umwanderung besuche ich Zutrul Phuk, die Wunderhöhle. Hier hat Milarepa einen Vertreter des alten Bön-Glaubens, Naro Bön-tschung, zu einem Wettstreit herausgefordert. Es ging darum, wer als erster den Gipfel des Kailas erreichen würde. Schon vor Sonnenaufgang sahen Milarepas Schüler den Bön-Priester auf einer Trommel himmelwärts reiten, und sie bedrängten Milarepa, doch auch etwas zu unternehmen. Doch er blieb in tiefer Meditation versunken sitzen. Der Wettstreit schien bereits entschieden zu sein, als die Sonne aufging. Milarepa schwang sich mit dem ersten Strahl, der den Berg traf, auf den Gipfel. Da gab sich Naro Bön-tschung geschlagen. Aus Mitgefühl gestattete ihm Milarepa, auch weiterhin seinen Gebetsübungen am Kailas nachgehen zu dürfen. Allerdings müsse er künftig den Berg in entgegengesetzter Richtung umwandern.

Wie um diese Geschichte zu bestätigen, kommt mir ein Bön-Priester entgegen. Ich erkenne ihn an seiner eigenartigen spitzen Kopfbedeckung. Auch schon an den vergangenen Tagen waren mir vereinzelt Pilger entgegengekommen, statt in der gleichen Richtung zu laufen wie ich.

Das Gras hier ist überall abgeweidet. Nur Büschel von stark bewehrten Brennesseln stehen noch da, sie sind selbst den gefräßigen Ziegen zu scharf. Es heißt, daß Milarepa, als er sich hier am Kailas aufhielt, von Brennesseln lebte. Daher wird er auf Bildern meist mit einem grünen Körper dargestellt.

Mittags sind wir wieder in Darchen, dem Ausgangspunkt des Parikrama. Nach der Rückkehr von einer Tour nach Purang am Karnali, einem Quellfluß des Ganges, treffen wir bei Barka auf die alte Karawanenroute von Lhasa nach Leh. Sollen wir hier nach links abbiegen, zurück nach Ali? Oder sollen wir es wagen, nach rechts zu fahren, auf der Südroute? Das würde uns 800 Kilometer Weg ersparen und überdies in Gegenden führen, die wir bisher nicht gesehen hatten.

Schon seit Tagen haben wir hin und her überlegt, welche Route wir wählen sollten. Wir trafen niemanden, der gehört hatte, daß in letzter Zeit jemand auf der Südroute gefahren wäre. Noch gestern abend im Gästehaus in Purang erörterten wir diese Frage mit wegerfahrenen Tibetern. Niemand wollte uns zuraten, aber direkt abraten wollte uns auch keiner. Als Regel gilt, daß die Südroute bis zum Einsetzen des Monsunregens gut befahrbar ist. Doch dieser Zeitpunkt ist längst überschritten, und in diesem Jahr regnet es besonders stark.

Schließlich sind wir uns einig, daß wir es jedenfalls mit der Südroute versuchen sollten. Schlimmstenfalls würden wir irgendwo steckenbleiben. Nicht ganz so schlimm wäre es, wenn wir umkehren müßten. Was die Fahrer bewegt, den Versuch zu wagen, ist wohl die Aussicht, daß bei einem Gelingen unseres Unternehmens eine Menge Treibstoff übrigbleiben würde, die sich dann sehr schön auf dem Schwarzmarkt verkaufen ließe.

Wir biegen also nach rechts ab. Sogleich geraten wir in tiefen Morast. Rechter Hand ist der Manasarovar bei diesem Wetter kaum auszumachen. Wir passieren Huore, den Ausgangspunkt für eine Umwanderung des Manasarovar. Dabei sind etwa 100 Kilometer zurückzulegen, für die man drei Tage braucht.

Unser Weg führt entlang dem oberen Tsangpo und seiner Nebenflüsse. Da wir schon bei Ali den Indus, bei

Tsaparang den Sutlej und bei Purang den Karnali-Ganges erreicht hatten, schließt sich hier der Kreis, und wir finden uns an dem vierten der großen Ströme, die beim Kailas entspringen.

Allmählich wird der Weg besser. Wir begegnen keinem Fahrzeug mehr. Einmal müssen wir alle auf den Lastwagen klettern, um die Toyotas bei der Durchfahrt durch einen reißenden Bach zu entlasten.

Jenseits des Mayum La erreichen wir die Grassteppe. Plötzlich bemerke ich ein galoppierendes Pferd, das unsere Piste von rechts nach links in rasendem Tempo überquert. Sein Fell ist hellbraun gescheckt, der Bauch eher weißlich, der gewaltige Schweif ist hochgestellt und gibt der ganzen Erscheinung eine wunderbare Balance. Die Begegnung dauert nur wenige Augenblicke, dann ist das Tier meinen Augen entschwunden.

Ich bin ganz aufgeregt und verwirrt über diese Erscheinung – ein Wildpferd! Die Forschungsreisenden aus früheren Zeiten berichten von gewaltigen Herden. Es gibt auch die Kyang, die Wildesel, aber dies hier war ein richtiges Pferd. Heute gelten diese Tiere als weitgehend ausgerottet, nur in den abgelegensten Gegenden soll es noch Herden geben. Sie werden von einem einzigen Hengst angeführt. Die Junghengste bleiben Einzelgänger, bis es ihnen gelingt, einem alt gewordenen Hengst seine Herde abzujagen. Ich denke, daß ich hier einem solchen Junghengst begegnet bin.

Gegen Abend erreichen wir den Punkt, an dem es sich entscheiden wird, ob wir auf der Südroute durchkommen oder nicht. Vor Erreichen der Ortschaft Baryang treffen wir auf einen breiten, von links hinten heranströmenden Fluß. Leichter Nieselregen hat eingesetzt. Jenseits des Flusses sind moderne Gebäude zu erkennen. Das

Problem mit dem Fluß ist, daß sein Grund nicht aus grobem Kiesel und Steinen besteht, sondern aus Lehm, auf dem nur eine dünne Schicht kleiner Steine liegt. Wenn man hier einmal festsitzt, dann graben sich die durchdrehenden Räder immer tiefer ein. Hier soll ein Lastwagen kürzlich eine ganze Woche festgelegen haben.

Was sollen wir tun? Warten bis morgen früh, wenn das Wasser vielleicht etwas niedriger steht? Aber können wir damit rechnen? Weitere Regenfälle kündigen sich an.

Wir wagen es. Ich beobachte, wie unser Fahrer vor dem Start mit der rechten Hand den Khatag berührt, den er am Rückspiegel festgebunden hat. Es ist eine Gebetsgeste für gutes Gelingen. Dann gibt er Vollgas, wir fahren tiefer und tiefer ins Wasser, die Motorhaube schiebt eine Bugwelle vor sich her, noch sind wir gut in Fahrt. Dann geht es allmählich wieder bergauf. Das Schwierigste ist geschafft, wir erreichen das andere Ufer und jubeln.

Jetzt weiß auch der Fahrer des zweiten Toyota, daß man durchkommen kann. Wir beobachten seine Fahrt. Für den Lastwagen brauchen wir nicht mehr zu fürchten.

Es wird Zeit, daß wir uns nach einem Nachtlager umsehen. Mit Scheinwerfern müssen wir mühsam die Piste ausmachen. Schließlich erreichen wir Baryang. Um diese späte Stunde ist niemand mehr da, der uns die Zimmer zu dem Rasthaus öffnen würde. So schlafe ich wieder auf den Vordersitzen.

Von jetzt ab dürfte es keine unüberwindlichen Hindernisse mehr geben auf der Südroute. Dies hilft uns über manche Unbequemlichkeit hinweg. Das Wetter ist schlecht. Nach der völlig einsamen Grassteppe am gestrigen Nachmittag kommen wir nun allmählich in Gegenden, in denen auch Ackerbau betrieben wird. Stellenweise findet sich sogar eine richtige Straße. Vereinzelt kommen uns Fahrzeuge entgegen, die natürlich nicht ganz bis zum Kailas fahren wollen. Wir sind jetzt verbunden mit dem relativ dicht besiedelten Wirtschaftsraum zwischen Saga und Lhatse. Nach den schlechten Erfahrungen in der vergangenen Nacht beziehen wir heute schon früh ein Quartier, und zwar in einem Gehöft für Straßenarbeiter.

Die ganze Nacht regnet es heftig. Aber für unsere Fahrt bedeutet das jetzt kein Hindernis mehr, die Straße ist gut befestigt. Meine Befürchtung, daß durch die Regenfälle vielleicht der Fährbetrieb bei Lhatse beeinträchtigt sein könnte, erweist sich als unbegründet. Wir können ebenso bequem übersetzen wie bei der Hinfahrt. In Lhatse geht es auf der Straße nach Katmandu rechts ab hinauf in die Berge. Heute ist unser Ziel das neue Qomolangma Hotel.

Am nächsten Morgen verabschiede ich mich von meinen deutschen Tourkameraden. Sie werden heute zur nepalesischen Grenze gefahren. Morgen abend sollen die Fahrzeuge wieder hier sein. Dann fahre ich damit nach Lhasa zurück.

Auf meine Kailastour kann ich nur mit zwiespältigen Gefühlen zurückblicken. Gewiß, der Parikrama war großartig, ich war allein mit der Natur und mit frommen Pilgern. Aber dies war teuer erkauft. Den weitaus größten Teil der Zeit verbrachte ich in einem Fahrzeug. Manchmal verfolgte einer der mutigen wie gefährlichen Hirtenhunde den Wagen mit wütendem Gebell. Murmeltiere verschwanden beim Herannahen in ihren Gängen, Hasen liefen davon, Gewitter zogen auf, und mit gewaltigen Blitzen prasselte der Regen gegen die Scheiben. Umschlossen von Blech und Glas blieb ich jedoch isoliert von dem Geschehen draußen. Die einzige Gesellschaft bildeten meine Landsleute.

Im Unterbewußtsein regt sich die Frage, ob es nicht möglich ist, tiefer in diese faszinierende Welt einzudringen. Sollte ich mich mit dem tibetischen Buddhismus beschäftigen? Was ich jedoch davon zu Hause zu hören und zu sehen bekomme, spricht mich nicht an. Abenteuerlust und das Gefühl, daß es in Tibet noch mehr geben müsse als das, was ich bisher erlebte, treiben mich im nächsten Jahr wieder auf die Reise. Es ist ein schlechtes Jahr, denn 1991 jährt sich zum 40. Mal der Einmarsch der chinesischen Volksbefreiungsarmee nach Lhasa. Die Sicherheitsbehörden befürchten Unruhen. Da sind schwer zu kontrollierende Einzelreisende in Tibet nicht willkommen. Erst ein Jahr später kann ich wieder nach Lhasa fahren. Bei dieser Reise finde ich, was ich suche. Es ist, als hätte ich eine Stufe auf dem Wege zur Erleuchtung erklommen, wie es die großen buddhistischen Lehrer auszudrücken pflegen. Bei einer einsamen Wanderung durch die Berge entdecke ich, was eine Pilgerreise ist.

# Zwischen Samye und Ganden

Die historischen Zentren der alttibetischen Provinz Ü sind das Yarlung Tal südlich des Tsangpo bei Tsetang und das Kyi chu Tal bei Lhasa. Die kürzeste Verbindung zwischen ihnen führt durch das zwischen Tsangpo und Kyi chu gelegene Gebirge über den 5400 Meter hohen Gokar La, den Adlerpaß. Dabei muß man über den Tsangpo setzen. Diese Route ist knapp 100 Kilometer lang. Seit Tibet für den motorisierten Verkehr erschlossen ist, wird dieser Weg nur noch für Pilgerreisen genutzt. Die neue Straßenverbindung ist sehr viel länger. Zunächst geht es am Südufer des Tsangpo 160 Kilometer flußaufwärts bis nach Chusul Chaksam. Dort wird der Fluß überquert, und am rechten Ufer des Kyi chu sind es dann noch einmal 65 Kilometer bis nach Lhasa.

Samye ist das älteste Kloster Tibets. Es wurde im 8. Jahrhundert von Guru Rinpoche gegründet. Es liegt am Nordufer des Tsangpo dort, wo man auf dem alten Verbindungsweg zwischen dem Yarlung Tal und Lhasa den Fluß überqueren muß. Folgt man von Samye aus diesem Weg nach Norden, so erreicht man vor dem Eintritt ins Gebirge das Dorf Ngamgo, auch Ninggang genannt. Hier muß man sich dann halblinks, also in Richtung Nordwesten, halten, um über den Gokar La bei Dechen Dzong das Tal des Kyi chu zu erreichen. Von dort sind es dann noch einmal 20 Kilometer bis nach Lhasa.

Hält man sich hingegen in Ngamgo halbrechts, also in Richtung Nordosten, so gelangt man nach der Überquerung zweier hoher Pässe zum Kloster Ganden. Ganden wurde Anfang des 15. Jahrhunderts von Tsong Khapa gegründet, auf den sich die Schule der Gelugpa, der Gelbmützen, zurückführt. Zusammen mit Drepung und Sera in der Nähe von Lhasa gehörte Ganden zu den Drei Säulen des vom Dalai Lama beherrschten Staates. Der Weg zwischen Ganden und Samye ist eine alte Pilgerroute. Heute ist dies die beliebteste Trekkingroute für Ausländer.

Zum ersten Mal besuche ich Samye im September 1992. Ich erreiche es auf die übliche Art. Man fährt von Lhasa auf der Straße nach Tsetang bis zur Fähre am Südufer des Tsangpo. Der Fluß ist hier fast zwei Kilometer breit. Wegen der Strömung und zahlreicher Sandbänke dauert die Überfahrt länger als eine Stunde. Es weht eine leichte Brise, eine wirklich angenehme Kahnpartie.

Mit im Boot ist eine Gruppe aus Turin. Als ich dem Reiseleiter von meinem Plan erzähle, zu Fuß über die Berge von Samye nach Ganden zu laufen, kann er sich nur wundern. Ich besäße doch gar keine genaue Wegbeschreibung, auch kein Zelt. Auch sei es riskant, alleine zu gehen. Alles richtig. Aber hier eröffnet sich für mich die Möglichkeit, alle Fesseln abzuschütteln, seien sie durch Menschen oder durch mechanische Hilfsmittel verursacht. Diese tiefste und sicherlich primitivste Stufe des Reisens ist, wenn man andere Maßstäbe anlegt, die höchste und schönste Stufe. Ich komme damit der in Tibet gepflegten und hochgeachteten Tradition einer Pilgerreise so nahe, wie es für einen Fremdling aus dem Westen überhaupt möglich ist.

Am anderen Ufer wartet ein Lastwagen. Die Passagiere zweier Boote müssen auf die hintere Plattform steigen. Dann geht es los durch die Sanddünen und kleineren Rinnsale. Man muß sich dabei schon gut festhalten. Wir passieren eine Gruppe von fünf strahlend weißen Chörten. Sie sollen als Ganzes aus dem Fels gehauen sein. Der

Überlieferung nach bezeichnen sie den Ort, an dem Trisong Detsen, der zweite Buddhistische König, den aus Indien kommenden Guru Rinpoche willkommen hieß.

Dann tauchen die vergoldeten Dächer des Haupttempels von Samye auf. Der Guru Rinpoche entwarf Samye nach indischem Vorbild. Eine ovale Umfassungsmauer von 300 Metern Durchmesser mit vier stattlichen Toren repräsentiert das Universum. Der Tempel in der Mitte ist der Weltberg Meru. Das Kloster hat die Wirren der letzten Jahrzehnte einigermaßen glimpflich überstanden. Wie auch anderswo wurden seine Gebäude teilweise als Lagerhäuser und Schuppen einer landwirtschaftlichen Kommune genutzt, wodurch sie vor der Zerstörung bewahrt blieben. Auch heute noch finden sich innerhalb der Umfassungsmauer zahlreiche Ställe und Wohngebäude.

Die drei ursprünglich vorhandenen Stockwerke des Haupttempels sind mit öffentlichen Mitteln wiederhergestellt. Eine Tafel erinnert daran; es sei zum Wohle des tibetischen Volkes geschehen. Nicht mehr erhalten sind die vier großen Chörten in den Farben Rot, Schwarz, Grün und Weiß außerhalb der Ecken des Haupttempels.

Unter der politischen Oberhoheit der Dalai Lamas war Samye zurückgetreten hinter die großen Neugründungen der Gelbmützen. Jetzt, da der Dalai Lama seine Macht verloren hat, fühlen sich die Anhänger der alten Schulen wieder frei, sich zu entfalten. Der Abt von Samye und ein Teil der 130 Mönche sind Sakyapa, der Rest Nyingmapa. Der erstaunliche Wiederaufbau zeigt, daß Samye wieder an seine ruhmreiche 1200jährige Geschichte anzuknüpfen beginnt.

Es ist schon Nachmittag, ich habe nur noch Zeit, mir die großartigen Wandmalereien von Samye anzusehen, dann drängt es mich zum Aufbruch. Heute möchte ich noch das Dorf Ngamgo erreichen. Wie es danach weitergeht, weiß ich nicht. Ich weiß nur, daß man zwei Pässe von über 5000 Metern Höhe überqueren muß, wenn man nach Ganden will, ich kenne aber nicht ihre Namen. Aber wenn dies ein Pilgerweg ist, dann wird man sie mir wohl auch unterwegs zeigen können.

Es läuft sich gut in der warmen Nachmittagssonne, nur der entgegenkommende Wind stört ein bißchen. Ich finde bald die Fahrstraße; sie hält sich in der Nähe des rechten Ufers des Samye chu. Dort, wo er zur Bewässerung herangezogen wird, gibt es gute Ernten. Links von mir am Talrand ziehen sich Sanddünen hin. Einmal begegne ich einer Gruppe von drei Pilgern; es werden die einzigen bleiben auf der ganzen Wanderung. Wenn ich zurückblicke, sehe ich in der Ferne das goldene Tempeldach von Samye und dahinter ein Stückchen des breit dahinströmenden Tsangpo. Ich kann mir vorstellen, wie dies Bild den Schritt der von Ganden herkommenden Pilger beflügeln muß.

Ich hole vier rastende Träger ein. Darunter befindet sich ein gutaussehender junger Mann, dem ich mit meinen Zigaretten eine Freude bereite. Gemeinsam erreichen wir Ngamgo. Er lädt mich ein, in seinem Haus zu übernachten. Ich komme in eine warme Stube, ein Herd steht dort und Liegen an den Wänden, in der Mitte ein Tisch. Der schönste Platz an dem kleinen Fenster wird für mich frei gemacht. Ich bekomme zu essen und zu trinken. In dem kleinen Raum ist ein dauerndes Kommen und Gehen, auch Frauen schauen herein, darunter sehr hübsche.

Als ich nach erquickendem Schlaf erwache, merke ich, daß meine Uhr steht. Durch Schütteln bekomme ich sie wieder in Gang, ich kann mich aber nicht mehr auf sie verlassen. Zum Frühstück bekomme ich wieder Buttertee und Brot, dann mache ich mich auf den Weg.

Der Himmel ist klar, die Sonne hat das Tal aber noch nicht erreicht. Auf den Höhen liegt eine dünne Schneedecke. Auf einer Brücke überquere ich den von Nordwesten heranströmenden Fluß und gehe das Tal des von Nordosten kommenden Flusses hinauf. Hier ist noch alles grün, auf beiden Seiten ragen steile Felsen auf.

In einer Talweitung treffe ich auf eines der robusten Zelte von Nomaden, die aus schwarzem Yakhaar gewebt sind. Zwei Frauen und zwei Männer sind beim Melken. Der Hund schlägt an, durch Rufen mache ich mich den Leuten bemerkbar, damit sie das Tier im Zaum halten, wenn ich näher komme. Obgleich ich sie bei der Arbeit unterbreche, bitten sie mich ins Zelt und reichen mir Buttertee. Ich revanchiere mich mit einem Bild des Dalai Lama, das sie ehrfürchtig an die Stirn führen und danach auf den kleinen Altar im Zelt stellen. Der Weg nach Ganden? Ja, das sei richtig hier, immer weiter das Tal hinauf.

Das nächste Nomadenzelt ist sehr viel stattlicher als das letzte. Gleich zwei besonders scharfe Hunde sind hier angekettet. Ich werde hereingebeten. Hier ist alles großzügig und sauber. Besonders die Frau macht einen geradezu herrschaftlichen Eindruck.

Als Wegzehrung bekomme ich in Fett gebackene Kekse. Ich wage nicht, den offenbar wohlhabenden Leuten Geld anzubieten. Aber das Foto des Dalai Lama und insbesondere das eingesegnete Medaillon mit dem Bild des Guru Rinpoche werden gerne und dankbar angenommen und sogleich auf den Hausaltar gelegt. Ein kleiner Junge soll mir noch ein Stück weit den Weg zeigen. Als ich den Platz mit dem Zelt verlasse, stellen sich der Herr des Zeltes und seine Gattin neben den wütend kläf-

**Nomadenzelt aus schwarzem Yak-Haar, in der Mitte eine Feuerstelle mit Rauchabzugsklappe**

fenden Hunden auf. Sie fürchten, daß die Kette reißen könnte, und wollen für diesen Fall das Schlimmste verhüten.

Beim Abschied zeigt mir der Junge die allgemeine Richtung: geradeaus und dann nach rechts in die Höhe. Solange ich in einem Haupttal mit kleineren Nebentälern bin, halte ich mich an das Haupttal. Schwierig wird es, wenn das Haupttal sich in zwei gleichwertige Nebentäler gabelt. In einem solchen Fall entscheide ich mich für das noch am ehesten nach Norden weisende Tal.

Das Steigen mit dem Rucksack bereitet einige Mühe. Hin und wieder ruhe ich mich etwas aus. An einem besonders schönen Platz zerbröckle ich ein Päckchen Schnellnudeln in meinem Becher mit kaltem Wasser aus dem Bergbach. Natürlich werden sie nicht weich dabei. Plötzlich kommt ein riesiger Yak durchs Gebüsch. Ich brauche mich nicht zu fürchten, Yaks sind friedliche Tiere. Manchmal fliegt unerwartet neben mir ein ganzer Schwarm von Rebhühnern auf. Gestern schon hatte ich große Raubvögel beobachtet, wie sie über dem Tal scheinbar schwerelos ihre Bahnen ziehen.

Allmählich erreiche ich Höhen, in denen selbst niedrige Sträucher nicht mehr gedeihen. Aus der Breite und Mächtigkeit des Flusses neben mir versuche ich abzuschätzen, wie weit es wohl noch sein könnte bis zur Paßhöhe, an der er seine Quelle hat. Meine Uhr hat mich im Stich gelassen, sicherlich ist es schon spät. Aber jetzt umzukehren nach Ngamgo, das würde bestimmt länger dauern, als den Paß zu überqueren. Alles, was hinter dem Paß kommt, ist ja ein Kinderspiel, es geht immer nur bergab. So und ähnlich argumentiere ich mit mir, immer Ausschau haltend nach Anzeichen, daß ich auf dem richtigen Weg bin.

Fußwege gibt es schon längst nicht mehr, nur unzählige kleine Pfade von den Yak- und Schafherden, die hier im Sommer weiden, sich inzwischen aber in tiefere Lagen zurückgezogen haben. Den Bereich der tief eingeschnittenen Täler habe ich verlassen. Vor mir steigen gewaltige, breit ausladende Hügel auf. Immer, wenn ich einen davon mühsam erklommen habe, erkenne ich dahinter weitere und höhere Hügel.

Hat das Steigen denn gar kein Ende? Es beginnt bereits zu dämmern. Da erkenne ich plötzlich auf dem hohen Berg vor mir drei Steinmale. Deutlich heben sie sich gegen den Abendhimmel ab. Ich weiß instinktiv, daß dies dem Pilger den nahegelegenen Paß anzeigen soll. Jetzt muß ich nur noch herausfinden, ob sich der Paß links oder rechts von dem hohen Berg befindet. Ich steige weiter. Da erkenne ich, daß in einer Mulde rechts von dem Berg ein Lha-tse errichtet ist. Bis dahin ist es noch weit, es wird rasch dunkel. Ich muß mir einen Platz zum Übernachten suchen. Ich bin erschöpft und brauche das Tageslicht, um in dieser Stein- und Sumpfgegend meinen Schritt zu setzen.

Es ist sternklar, aus Südwesten kommt ein leichter Wind. Gibt es denn hier keine Höhle? Alles, was ich finde, ist zu klein für mich. Aber ich brauche einen Windschutz. Ich kann in einiger Entfernung einen großen Felsblock ausmachen. Auf der dem Wind abgewandten Seite ist er ein wenig geneigt. Darunter will ich mich hinlegen. Etwa dreißig Meter unter mir kann ich noch einen kleinen See erkennen, wie man ihn häufig in unmittelbarer Nähe eines Passes antrifft.

Es wird kalt. Alles, was ich mitgebracht habe, ziehe ich mir an. Ich habe keinen Schlafsack bei mir, sondern nur einen großen Sack aus flauschiger Kunstfaser, der als wärmende Einlage in einen Schlafsack gedacht ist. Er kann mich nicht vor der Kälte schützen. Ich ziehe auch noch die Stiefel an, sie sind bereits mit Rauhreif bedeckt. Etwas anderes, als auszuharren, bis es wieder hell wird, kann ich nicht tun. Immerhin, man kann sich ja auf viererlei Art hinlegen: auf den Rücken und auf den Bauch; auf die linke Seite und auf die rechte Seite. Das gibt schon Beschäftigung. Daß mein Liegeplatz nicht frei von Steinen ist, das stört mich wenig im Vergleich zur Kälte.

Ich muß aber doch von Zeit zu Zeit etwas geschlafen haben, denn ich bemerke plötzlich, daß der Mond hoch am Himmel steht. Vor fünf Tagen war Vollmond. Deutlich erkenne ich jetzt den See unter mir. Ich höre das Plätschern der Wellen in dem leichten Wind. Hin und wieder vernehme ich den Schrei eines Vogels. Direkt unter mir sieht es so aus, als hätte sich dort eine kleine Flotte von weißen Booten versammelt. Ich kann mir das nicht erklären. Als ich hier ankam, war nichts davon zu sehen. Eigentlich glaube ich nicht an Feen. Aber wer weiß, vielleicht gibt es sie ja hier oben in den Bergen? Und wenn es denn ein Zauber ist, Angst oder Furcht verspüre ich nicht, eher staunende Verwunderung. Hinzu kommt, daß ich jetzt ganz zuversichtlich bin, die Nacht gut zu überstehen, und morgen die Paßhöhe überqueren werde. Dahinter geht es ja immer nur bergab, bergab, wie wunderschön dieser Gedanke.

Ich weiß nicht, wie hoch ich hier bin, auch kenne ich nicht den Namen des Passes. Erst später in Lhasa finde ich heraus, daß dies der 5100 Meter hohe Shitu La ist. Ich lege mich wieder hin, mal links, mal rechts, nicht immer bin ich wach. Als ich mich wieder einmal umdrehe, merke ich, daß es schon ganz hell ist. Jetzt kann ich also weiterlaufen. Überall liegt dicker Rauhreif, die Pfützen in der Nähe tragen eine kräftige Eisschicht. Jetzt erkenne ich: Was mir unten im See bei Mondlicht als Boote von Feen erschienen war, das sind große helle Felssteine, die knapp aus der Wasserfläche herausragen. Sie wurden vom Mond beschienen. Wo ich gelegen habe, ist der feuchte schwarze Boden aufgelockert und klebt zum Teil an meinem Schlafsack; aber was macht das schon.

Von hier aus kann ich keinen Lha-tse mehr sehen. Ich glaube aber, ich muß am See entlanggehen. An seinem Ende steigt eine Felswand auf. Der Weg entlang des Sees ist mühsam: Ich muß über mächtige abgerundete Felssteine klettern. Sie tragen eine dünne Eisschicht. Ich frage mich immer wieder, ob dies hier wirklich der Pilgerpfad von Samye nach Ganden ist. Es müßten sich doch irgendwelche Spuren zeigen. Aber soviel ich mich auch umschaue, ich finde nichts. Wenn ich gestern abend keiner Täuschung erlegen bin, dann muß gleich hinter der Felswand der Paß mit dem Lha-tse sein.

Einmal rutsche ich von einem der Felssteine ab und stürze. Im ersten Augenblick kann ich mich vor Schmerz kaum rühren. Aber dann geht es doch, und ich bewege mich mit verdoppelter Vorsicht weiter durch das Felsenmeer.

Würde ich verletzt hier liegenbleiben, kann es lange dauern, bis man mich findet oder das, was dann noch von mir übrig ist. Niemand weiß, auf welcher Route ich gehe. Und auch der Pilgerverkehr scheint um diese Jahreszeit ganz zum Erliegen gekommen zu sein.

Dann entdecke ich links an der Felswand einen Serpentinenpfad. Also sind hier doch schon Leute gegangen. Alle paar Schritte muß ich mich ausruhen. Bei dem Parikrama um den Kailas vor zwei Jahren habe ich den 5650 Meter hohen Drölma La überqueren müssen, so hoch bin ich hier sicherlich nicht. Dennoch fällt mir heute das Gehen schwerer als damals. Das muß daran liegen, daß ich heute meinen Rucksack schleppen muß. Am Kailas hatten wir dafür einen Yak gemietet.

Schließlich erreiche ich die Oberkante der Felswand und erkenne, daß hier die Paßhöhe ist. Der Lha-tse, den ich gestern abend von weitem gesehen hatte, steht jetzt unmittelbar vor mir. Ich werfe einen letzten Blick zurück auf den See. Eigentlich sind es zwei hintereinanderliegende Seen, nur durch eine kleine Landbrücke getrennt. Dann laufe ich zum Lha-tse, lege zwei Steine dazu und umrunde ihn.

Vor mir dehnt sich ein breites, nur schwach abfallendes, grasbewachsenes Tal aus, das von zahlreichen Bächen durchzogen ist. An seinem Ende erkenne ich eine von Osten nach Westen verlaufende Bergkette. Auf gar keinen Fall will ich diese überqueren, von jetzt ab heißt es immer nur flußabwärts.

Das ist hier oben nicht ganz einfach, da überall kleine Rinnsale meinen Weg durchkreuzen. Nach einer Stunde ist die Sonne da, ich suche mir ein trockenes Plätzchen und schlafe ein wenig. Danach kann ich mich einiger Kleidungsstücke entledigen und in den Rucksack tun. Immer wieder schöpfe ich mit meinem Blechbecher Wasser. Ich weiß, es ist wichtig, in großer Höhe viel zu trinken. Die Kekse der noblen Nomadenfrau bilden mein Frühstück.

Schließlich erreiche ich das Quertal. Unschwer erkenne ich, daß es nach links, also nach Nordwesten, weiter abwärts geht. Ich komme gar nicht auf den Gedanken, daß es hier nicht nach Ganden gehen könnte. Das werde ich erst später erfahren. Um nach Ganden zu kommen, hätte ich die vor mir liegende Bergkette auf einem Paß überqueren müssen, der noch höher ist als der gerade überwundene Paß. Ich glaube nicht, daß ich das geschafft hätte.

Es läuft sich gut, immer bergab. Gelegentlich treffe ich auf ein vollgefressenes Murmeltier mit buschigem Schwanz, das sich ganz behäbig in seine Höhle zurückzieht, wenn ich näher komme. Dann entdecke ich eine der mir schon vertrauten blauen Rauchfahnen, die ein Nomadenzelt ankündigen. Ich werde gleich von vier Hunden bellend begrüßt. Einer davon, schwarz mit rotem Halsband, ist angekettet. So sehen die wertvollen und gefährlichen Hunde aus. Den drei anderen möchte ich aber auch nicht gerne begegnen. Glücklicherweise liegt zwischen mir und dem Nomadenzelt der Fluß. Den zu durchqueren scheuen sich die Tiere. Der aufmerksam gewordene Yakhirt deutet mit den Armen an, daß ich weitergehen solle.

Die drei frei laufenden Hunde verfolgen mich auf der anderen Seite des Flusses mit wütendem Gekläff. Hoffentlich kommen sie nicht herüber zu mir. Ich versuche, mich ihren Blicken zu entziehen, indem ich den von Gebüsch bestandenen Hang hochklettere. Dabei reiße ich mir an den Dornen die Hände auf. Es dauert lange, aber schließlich habe ich alle meine Verfolger abgeschüttelt.

Da taucht schon die nächste Rauchfahne auf. Beim Zelt ist nur ein einziger Hund, ganz offensichtlich keiner von der ganz wilden und gefährlichen Sorte. Der Yakhirt winkt mir zu, ich solle zu ihm herüberkommen. Aber wie über den schon ziemlich breiten Fluß gelangen? Er weist mir eine Stelle, wo sich zwei Felsen von beiden Seiten einander zuneigen, so daß nur noch eine Lücke von knapp eineinhalb Metern bleibt. Diese mit meinem Rucksack zu überspringen mit dem tosenden Fluß darunter, traue ich mir nicht zu. So werfe ich mein Gepäck hinüber und wage dann den Sprung.

Mein Gastgeber trägt den Rucksack in sein Zelt. Er ist nicht mehr der Jüngste. Zwei Kinder, ein Junge und ein Mädchen, in ziemlich verwahrlostem Zustand blicken mich erstaunt und etwas verängstigt an. Dies ist die ärmlichste Behausung, die ich bisher bei den Nomaden gesehen habe. Der Boden ist nicht aufgekehrt, auf den Betten an den Zeltwänden liegen nur zerlumpte Decken, der Hausaltar ist von primitivster Machart. Aber trotzdem stehen auf ihm ein Lämpchen und ein Schälchen mit Buttertee als Opfergaben.

Bald erscheint auch der Vater der Kinder. Er begrüßt mich freundlich. Ich soll mich auf das Ruhebett hinter dem Tisch setzen. Der ältere Mann entfacht das Feuer und bietet mir Tee an. Er ist nur gesalzen, mit Butter muß wohl gespart werden. Ich frage nach der Mutter der Kinder. Sie sei fortgegangen, um etwas zu verkaufen unten im Tal des Kyi chu. Vielleicht Käse, der nichts anderes ist als Quark, der in der Sonne vor dem Zelt getrocknet wird. Hier erfahre ich auch, daß es flußabwärts nicht nach Ganden geht, sondern nach Dechen Dzong. Ja natürlich, ich hätte mir das ja auch schon denken können. Denn ich laufe ja auch schon seit langem nicht mehr nach Norden, sondern eher nach Westen. Und hatte mir nicht jemand gesagt, daß von Samye nach Ganden zwei Pässe zu überqueren seien? Ich habe ja nur einen Paß überquert. Aber was soll's, auch dieser Pilgerweg ist der Mühen wert. Müde und erschöpft schlafe ich ein, die beiden Männer können ungestört ihrer Arbeit nachgehen.

Als ich wieder erwache, dämmert es bereits. Draußen vor dem Zelt sind die Kühe angepflockt und werden gemolken. Gut sehen die Tiere nicht aus, und sie geben nur wenig Milch. Das meiste davon wird zu Käse verarbeitet. Welch kümmerlicher Ertrag für die schwere Arbeit! Tagsüber werden die Tiere in die Berge getrieben, abends müssen sie von dort mühsam zurückgeholt werden.

Die laufend anfallende Hausarbeit übernimmt hier der ältere Mann. Vielleicht ist es der Schwiegervater, der seine Tochter vertritt. Insbesondere muß er das Brennmaterial für das Feuer im Zelt sammeln, damit es niemals ganz ausgeht. Jetzt bereitet er das Nachtmahl zu. Im Kessel über dem Feuer kocht bereits Wasser mit einem Brokken Ziegeltee. Es wird in einen langen, dünnen Holzzylinder gefüllt, etwas Salz und diesmal sogar ein Stückchen Butter werden hinzugegeben. Dann wird alles gut durchmischt, indem ein Stock mit einem durchlöcherten Kolben in dem Zylinder kräftig hin- und hergestoßen wird. Hier bei den armen Leuten ist das Gerät nicht mehr ganz in Ordnung. Aus einem an der Zeltdecke hängenden Lederbeutel wird mir Tsampa angeboten. Als besondere Delikatesse gibt es dann noch aus einem anderen Beutel etwas gekrümelten, trockenen Käse sowie etwas Zucker.

Mein Blechbecher eignet sich nicht dazu, alles mit Tee zu vermischen. Ich bekomme deshalb eine kleine Porzellanschale aus dem Schränkchen unter dem Altar. Viel Übung habe ich nicht darin, alles zu einem festen Brei zu verkneten. Aber jedenfalls weiß ich, daß dies nur mit der rechten Hand zu geschehen hat. Die linke Hand gilt als unrein; und sie ist es auch, denn nur mit ihr reinigt man sich nach einer Entleerung. Was natürlich nicht besagt, daß die rechte Hand sauber ist. Das ist sie bestenfalls, wenn man seinen Tsampabrei fertig geknetet hat. Schmutzig ist hier zweifellos alles, aber deshalb noch nicht unhygienisch. Selbst der erbärmliche Gestank des neben mir sitzenden Vaters kann mich nicht von dieser

Überzeugung abbringen. Ich glaube, seine Kleider, die er lange nicht gewechselt hat, stinken nur wegen des täglichen hautnahen Umgangs mit den Yaks.

Zum Abschluß biete ich Zigaretten an. Nur der jüngere Mann bedient sich etwas zögernd. Der ältere zieht stolz sein hübsch verziertes ausgehöhltes Yakhorn hervor, in dem er den Schnupftabak aufbewahrt. Er bietet auch mir davon an, aber ich verstehe das Geschäft nicht. Schon gestern hatte ich bei den Yakhirten gesehen, daß sie eher schnupfen als rauchen. Das hat auch religiöse Gründe: Tabakrauch beleidigt die Götter, er ist eben kein Weihrauch.

Es ist richtig gemütlich hier. Allmählich hat der Junge seine Scheu vor mir verloren. Das kleine Mädchen weint, vielleicht sehnt es sich nach seiner Mutter. Es ist rührend anzusehen, wie der Vater sein Töchterlein tröstet. Zum Einschlafen pfeife ich den Kindern leise das Walhall-Motiv vor. Das haben sie bestimmt noch nie gehört, und sie werden es sicherlich auch nie wieder hören.

Ich habe vorzüglich geschlafen. Der ältere Mann entfacht schon wieder das Feuer, um Tee zu kochen. Als er damit fertig ist, wird als erstes das Schälchen vor dem kleinen Altar frisch gefüllt. Dort steht auch schon mein Dalai-Lama-Bild. Geld können die Leute hier bestimmt auch gut gebrauchen. Zum Abschied übergebe ich noch mein zweites Medaillon mit dem Bild des Guru Rinpoche. Ein mutiger Sprung von Fels zu Fels über den Fluß, und ich bin wieder am anderen Ufer.

Bis Dechen Dzong im Kyi-chu-Tal seien es fünf Stunden, hatte man mir gesagt. Nun, das mag für die Einheimischen gelten, für mich wird es sicherlich länger dauern. Allmählich komme ich in Gegenden, in denen Ackerbau möglich ist. Erste Gehöfte tauchen auf und dann ein richtiges Dorf. Hier beginnt auch eine Fahrstraße, wie ich an den Radspuren erkenne. In der Ferne erscheinen die Berge jenseits des Kyi chu. Das Ende meiner Pilgerfahrt ist abzusehen, es ist jedoch noch ein gutes Stück zu laufen, ich schätze, mindestens fünfzehn Kilometer. Dorfköter versperren mir den Weg, doch die haben mehr Angst als ich. Mit Steinwürfen kann ich mir leicht meinen Weg bahnen. In Dechen Dzong erreiche ich noch einen Bus nach Lhasa.

Ganden habe ich also auf diesem Weg nicht erreicht. Erst zwei Jahre später ergibt sich die Gelegenheit, dem alten Pilgerweg von Ganden nach Samye zu folgen.

Von Lhasa aus fährt täglich frühmorgens ein Pilgerbus nach Ganden. In zahlreichen steilen Serpentinen wird die Höhe von 4750 Metern erklommen. Oben angekommen, steht man vor einer schier unübersehbaren Zahl von Gebäuden, die meisten in Ruinen, welche sich wie die Ränge eines gewaltigen Amphitheaters den Berg hinaufziehen. Der Bus wartet hier bis drei Uhr nachmittags, um nach Lhasa zurückzufahren.

Schon vor der Kulturrevolution begann die Zerstörung von Ganden. Unter der Herrschaft der Chinesen wurden die Mönche vertrieben und die leerstehenden Gebäude den früheren Leibeigenen des Klosters zum Abriß überlassen. Die Schätze waren vor Plünderungen nicht mehr sicher. Man könnte meinen, das Kloster sei durch Artillerie oder Bomben zerstört.

Als ich Ganden zum ersten Mal im Jahre 1990 besuche, hat man bereits mit dem Wiederaufbau begonnen. Bei jedem meiner folgenden Besuche in den Jahren 1993 und 1994 sind deutliche Fortschritte zu sehen. 500 Mönche leben hier jetzt wieder. Sie sind bekannt für ihre nationale Gesinnung, deshalb werden sie besonders streng überwacht.

Vom höchsten Punkt des Klostergeländes hat man einen großartigen Ausblick auf das tief unten liegende Tal des Kyi chu und die jenseitigen Berge. Dort zieht sich das weite Tal des Bempo chu hinein. Hier oben steht ein großer, weiß getünchter Chörten. Er ist das einzige, was auf Ganden hindeutet, wenn man unten im Tal ist. Wie oft habe ich ihn auf meinen Fahrten aus der Ferne gegrüßt!

Am letzten Augusttag des Jahres 1994 bin ich wiederum mit dem Pilgerbus unterwegs nach Ganden. Diesmal will ich nicht nachmittags nach Lhasa zurückkehren, sondern versuchen, auf dem alten Pilgerweg durch die Berge Samye zu erreichen. Ich brauche dafür etwas Glück. Immer wieder werden Wanderer durch schlechtes Wetter oder Krankheit zur Umkehr gezwungen. Ich habe sogar noch mehr vor, nämlich auf der alten Karawanenroute über den Gokar La nach Lhasa zurückzukehren. Üblicherweise setzt man bei Samye mit der Fähre über den Tsangpo und fährt dann mit dem Bus zurück nach Lhasa.

Ein angesehener Tibeter in Lhasa hat mir ein Empfehlungsschreiben mitgegeben. Damit findet sich ein älterer Mann, der mich auf der ersten Etappe bis zu dem Dorf Hebu begleiten wird. Bevor wir uns auf den Weg machen, führt er mich durch die wichtigsten Tempel, darunter auch den großen Tempel mit dem Grabchörten von Tsong Khapa. So begebe ich mich mit dem Segen der Heiligen auf die Reise, bei der ich mancherlei Fährnissen ausgesetzt sein werde. Wie immer habe ich nur leichtes Gepäck. Ich vertraue auf die Gastfreundschaft der Dorfbewohner und Nomaden längs des Weges.

Nachmittags erreichen wir Hebu. Mein Begleiter bringt mich in ein wohlhabendes Bauernhaus. Zierliche Vögel tschirpen in den Blumenkästen, die an der überdachten Veranda angebracht sind. Die Leute hier haben

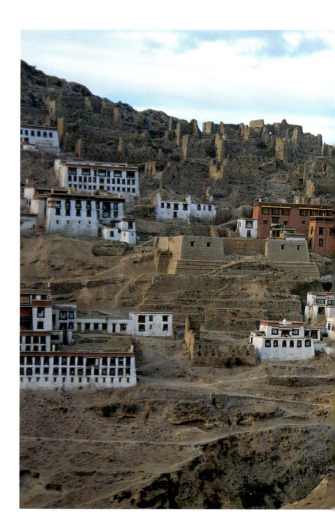

**Das Kloster Ganden, im 15. Jahrhundert gegründet, zählte zu den drei Säulen des lamaistischen Staates**

schnell gelernt, daß man Geld verdienen kann, wenn man den Fremden Reit- und Tragtiere stellt. Von hier aus muß ich über den 5250 Meter hohen Shuka La. Von dort geht es hinab in das große Tal, das bei Dechen Dzong in das Tal des Kyi chu einmündet. Vor zwei Jahren war ich es hinuntergelaufen, als ich mich in Samye auf den Weg gemacht hatte, um Ganden zu erreichen.

In dem Haus hier lebt die Großfamilie. Ich muß mit dem Patriarchen, einem stattlichen grauhaarigen und bärtigen Tibeter meines Alters, lange feilschen, bis wir uns einigen. Sein Sohn wird mich morgen über den Shuka La hinaus begleiten bis möglichst nahe an den Shitu La. Er nimmt dafür ein Pferd mit, das unser Gepäck trägt. Obgleich es mir nicht zum Stil meiner Pilgerreise zu passen scheint, werde ich auch schon einmal ein Stückchen reiten. Der Sohn will morgen abend wieder zu Hause sein.

Wir ziehen schon früh los. Mein Führer geht schnell und ohne Pause. Ich kann gut mithalten, besser, als ich es erwartet hätte. Immer wieder muß ich meine Uhr zeigen. Spätestens um 4 Uhr nachmittags will er sich wieder auf den Heimweg machen. Er schreibt seinen Namen in mein Notizbuch, Tsering Namgang. Bereits um 12 Uhr sind wir auf dem Shuka La, kurz danach halten wir Rast. Ich bekomme etwas von dem herrlichen Brot seiner Frau. Frische Butter liegt in Klumpen im Tsampamehl versteckt. Ich fische sie mir heraus und esse sie zum Brot. Dazu gibt es hausgemachten Chang.

Über Felsbrocken steigen wir ins Tal hinab. Vieles erkenne ich wieder. Unten am Fluß rasten wir abermals, hier kann das Pferd grasen. Tsering drängt zum Aufbruch.

Ein Seitental führt zum Shitu La hinauf. Als wir den

dort errichteten Lha-tse zu Gesicht bekommen, wird das Pferd angebunden. Unterwegs hatte mich mein Führer wiederholt um mein Hemd gebeten und dabei auf sein eigenes, völlig verschlissenes Hemd gezeigt. Hier ziehe ich es aus und gebe es ihm, im Rucksack habe ich noch ein zweites. Er ist überglücklich. Dann bekommt er noch ein Dalai-Lama-Bild. Er gibt mir etwas zu essen mit auf den Weg. Oben bei dem Lha-tse trennen wir uns. Zum Abschied ergreift er meine Hände und führt sie, sich tief herunterbeugend, an seine Stirn. Ein letzter Segenswunsch, dann mache ich mich allein auf den Weg.

Hinter dem Paß steige ich hinunter zu den beiden Seen. Ich komme an dem geneigten Felsblock vorbei, in dessen Schutz ich eine kalte Nacht verbracht hatte. Heute blühen hier prächtige Glockenblumen. Da hat also nicht kürzlich jemand gelegen.

Der Weg ist nicht zu verfehlen, immer flußabwärts. Ich begegne niemandem. Dabei hatte ich gehofft, heute abend noch Yakhirten zu erreichen. Ich laufe weiter, solange ich noch etwas sehen kann. Da, endlich, in einer Talweitung stehen zwei der ersehnten schwarzen Zelte. Die Hunde haben mich schon erspäht und zerren laut bellend an ihren Leinen. Neben den Zelten wird gemolken. Die Leute winken mir zu, ich solle möglichst weit zum Fluß hinübergehen. Nach einigem Warten hat dann jemand Zeit, mich sicher vor den Hunden in ein Zelt zu geleiten.

Eine junge Frau gibt mir Tee. Ich habe ja seit kurzem eine wunderbare hölzerne Tee- und Tsampaschale, kunstvoll gedrechselt aus Wurzelholz aus der Gegend von Purang, einem Ort an der nepalesischen Grenze südlich des Kailas. Es ist sehr schade, daß ich mich mit den Leuten nicht unterhalten kann. Aber natürlich ist es klar, daß ich ihre Gastfreundschaft erbitte. Das Essen spätabends ist eine Mehlsuppe mit Spuren von getrocknetem Fleisch. Hier im Zelt schlafen außer der jungen Frau noch sechs Männer. Wie sie es mit der einen Frau halten, ist mir nicht klar. Schön eingepackt in meinem Schlafsack und zugedeckt mit groben gewebten Haardecken verbringe ich eine gute Nacht.

Frühmorgens gehen die Männer wieder zu den Tieren, nur einer bleibt noch zurück im Zelt, wo ich meinen Tee schlürfe. Plötzlich zieht er unter seiner Lagerstatt eine Kalaschnikow hervor und versucht, ein neu aufgefülltes Magazin einzusetzen. Ich bitte ihn, dabei mit der Mündung nicht gerade auf mich zu zielen. Er findet das lustig. Es ist mir rätselhaft, was er mit dem Ding will. Vielleicht seine Mitbewerber um die junge Frau in Schach halten? Ich bezweifle, daß er die Erlaubnis hat, eine Maschinenpistole zu besitzen. Mir gegenüber hat er natürlich keinen Grund, etwas geheimzuhalten.

Ich hinterlasse Geld und Bilder für den Altar. Heute müßte ich bequem nach Samye kommen. Ich gehe jetzt in der umgekehrten Richtung wie vor zwei Jahren, aber vieles kommt mir dennoch bekannt vor. Mit dem Wetter habe ich großes Glück. Wunderbar, als zum ersten Mal in der Ferne das Tal des Tsangpo auftaucht und die Berge im Süden dahinter. Die Klause Yamalung rechts oben am Berg will ich erst besuchen, wenn ich nach Ngamgo zurückkomme.

In Samye traue ich meinen Augen nicht. Die vier großen Chörten sind wiederaufgebaut, die Umfassungsmauer ist renoviert, frisch geweißt, auf ihr thronen wieder die traditionellen 1008 vergoldeten kleinen Chörten. Im Nordosten des Tempelbezirks erhebt sich ein hoher neuer Bau in dunklem Rot. Dies alles ist durch private Spenden finanziert. Reiche Kaufleute aus Lhasa sollen davon den Löwenanteil getragen haben.

Das Wetter schlägt um. An dem Tag, an dem ich nach Ngamgo zurückgehe, läßt der Regen erst am späten Vormittag nach. Am Dorfeingang lädt mich eine gutaussehende Tibeterin zu sich zum Essen ein. Ob ich auch hier schlafen könne, frage ich, und weise auf die Liege, auf der ich beim Essen sitze. Ich kann sie natürlich nicht in ihrer Sprache fragen, aber die Grundbedürfnisse lassen sich ja auch leicht durch Zeichen darstellen. Ja, lautet die Antwort. Plötzlich wird die Tür aufgerissen und hinein poltert mit lauter Stimme ein stattlicher Tibeter, der mich keines Blickes würdigt. Die Frau antwortet ihm nur schüchtern, ich meine sogar Betretenheit herauszuhören. Der wirklich gutaussehende Mann – er trägt einen gepflegten Bart, was sehr ungewöhnlich ist für einen Tibeter – beruhigt sich allmählich. Meine Anwesenheit hier ist doch wohl nicht der Grund für seine schlechte Laune. Im Laufe des Abends stellt sich heraus, daß er schreiben und lesen kann und Bücher besitzt. Gleichgesinnte findet er hier in dem abgelegenen Dorf bestimmt nicht. Vielmehr muß er als ärmlicher Bauer sein Leben fristen. Da ist es kein Wunder, daß er nicht glücklich ist und leicht die Geduld verliert.

Es ist noch hell. So habe ich Zeit, Yamalung zu besuchen. Im Talgrund sitzen einige ältere Tibeter in Festtagskleidung beim Picknick. Sie waren bereits oben in der Höhle. Gern nehme ich von dem angebotenen Tee und Gebäck. Über eine mit Gebetswimpeln geschmückte Brücke führt der Pfad etwa 200 Meter in die Höhe. Kurz bevor ich mein Ziel erreiche, höre ich eigentümliche Tierlaute. Zunächst achte ich nicht weiter darauf, aber dann sehe ich plötzlich, daß diese von einem großen Vogel herrühren, der über eine Lichtung stolziert. Ihm folgen ein halbes Dutzend weiterer Tiere dieser Art. Sie bemerken mich nicht. Auffällig ist die grellrote Färbung der oberen Kopfhälfte und der am Boden nachschleppende Schwanz. Ich vermute, daß dies Pfauen sind.

Oben angekommen, empfängt mich ein Junge und zeigt mir die mit einem Altar ausgestattete Höhle, in der Guru Rinpoche meditiert hat. Gleich darüber haben zwei Nonnen ihre Klause, ordentlich aus Stein gebaut und an den Fels gelehnt. Drinnen sind ein Bett und ein Altar. Eine der Nonnen ist jung und hübsch, die andere weniger. Mein Vorrat ist knapp, und so schenke ich nur ein Dalai-Lama-Bild. Sie ist überglücklich und ergreift meine Hände, um sich verbeugend ihre Stirn darein zu legen. Sie sieht wie ein gesundes kräftiges Bauernmädchen aus. Hier als Einsiedlerin zu leben, dafür scheint sie nicht die Richtige zu sein. Aber was weiß ich schon davon. Beide Nonnen sind Nyingmapa.

Noch ganz gerührt davon, daß sich jemand so sehr freuen kann, gehe ich ins Dorf zurück. Ich muß heute noch jemanden finden, der mich morgen mit einem Pferd über den Gokar La begleitet. Ein unsympathisch grinsender Tibeter vermittelt mir dann einen älteren zahnlosen Mann mit einem Gesichtstick, der bereit ist, mit mir zu gehen. Er wird jenseits des Passes übernachten, also zwei Tage unterwegs sein.

Den Abend und die Nacht verbringe ich bei den Hundings. Der Mann ist hochintelligent, was über die Sprachbarriere hinweghilft. Er möchte wissen, wie auch schon andere vor und nach ihm, ob ich jemals den Dalai Lama gesehen hätte. Ich kann dann immer berichten, daß ich ihn im Sommer 1992 bei der Eröffnung der Salzburger

Festspiele nicht nur gesehen hätte, sondern daß ich mich auch an ihn herangedrängt hätte, um ihm kräftig an die Schulter zu packen, was er mit einem Lächeln quittierte. Diese Geschichte findet immer wieder Beifall.

Nachts beginnt es heftig zu regnen, und es hört nicht mehr auf. Das hindert meinen Führer nicht daran, morgens loszugehen. Ich bekomme wenigstens ein gummibeschichtetes Cape. Aber dennoch bin ich bald naß. Auch die Stiefel werden von innen naß durch das Wasser, das vom Cape läuft. Zwei Stunden laufen wir so, dann weist mein Führer auf die schneebedeckten Höhen vor uns und entschließt sich zur Umkehr. Ich folge ihm in seine ärmliche Behausung.

Ich bin völlig durchnäßt, ebenso der Rucksack. Aus feuchtem Gestrüpp wird ein Feuer entfacht, ich kann gar nicht aufrecht stehen wegen des Qualms. Auf die Liege, die mir zugewiesen wird, tropft es von oben. Es ist zum Verzweifeln. Dagegen tue ich das einzige, was ich tun kann, ich versuche, meine Sachen wieder zu trocknen. Einmal hänge ich ein Wäschestück auf eine Stange oben über das Feuer. Zu spät höre ich die Warnung meines Gastgebers: Vorsicht Holzteer! Die Not läßt mir kaum Zeit zum Nachdenken. Das ist nur gut. Wenn bis morgen früh der Regen nicht nachgelassen hat oder meine Kleider nicht einigermaßen getrocknet sind, dann muß ich die Tour über den Gokar La aufgeben. In meinem jetzigen Zustand wäre das eine tiefe persönliche Niederlage.

Man erreicht über den kleinen Vorhof noch einen zweiten Raum. Hier steht der Hausaltar. Kein Wunder, daß er ärmlich ist. Kleine Reproduktionen von Thangkas stehen hier, ihre Ikonographie sagt mir nichts. Merkwürdigerweise fehlt ein Bild des Dalai Lama. Mein Gastgeber hatte mich auch nicht darum gebeten. Erst später werde ich den Grund dafür erfahren. Dann steht da noch ein großer bunter Druck mit einem breit lächelnden chinesischen Bauerngesicht inmitten prächtiger Ähren. Der riesige Strohhut ist brandneu und von erster Qualität. Kenne ich nicht das Gesicht? Plötzlich weiß ich es: Das ist Mao Zedong in jüngeren Jahren! Dies Produkt kommunistischer Propaganda auf einem Hausaltar in einem abgelegenen tibetischen Dorf zu finden, das bringt mich doch zum Lachen.

Irgendwie schaffe ich es, daß bis zum Schlafengehen meine Sachen wieder einigermaßen trocken sind. Um sechs Uhr früh werde ich geweckt; es regnet nicht mehr. Hastig trinken wir unseren heißen Tee. Das Pferd wird gebracht, für die ersten Schritte benötige ich meine Taschenlampe. Wir treffen bald auf die verfallenen Reste der alten Wegbefestigung aus der Zeit, als hier noch Regierungsdelegationen entlangkamen. Die Hänge sind mit bis zu fünf Meter hohen strauchartigen Bäumen bedeckt. Sie haben diese Form, da sich die Einheimischen hier immer wieder mit Brennmaterial versorgen. Vor uns in der Höhe erscheinen Schneefelder. Mein Führer meint, auf dem 5400 Meter hohen Gokar La würden wir im Schnee steckenbleiben. Wir biegen deshalb nach rechts in ein Seitental ein. Dort geht es zum Mana La, der nicht so hoch ist. Dafür ist der Weg jedoch länger.

Hier treffe ich wiederum auf die breitblättrige Pflanze mit tomatenroten Früchten von der Form einer Tulpenknospe. Außen sind sie blank, das Innere ist hohl. Die pelzige Schale schmeckt leicht süß. Die zahlreichen Samen im Innern sind bitter. Oma phisi oder so ähnlich heißen sie, wie mir der schreibkundige Mann in Ngamgo gesagt hatte. Immer wieder müssen wir einen reißenden Gebirgsbach überqueren. Nur gut, daß wir das Pferd haben, ich darf dann aufsitzen. Mein Führer trägt durchlöcherte Turnschuhe, in die das Wasser ebensoschnell hinein- wie herausläuft. Seine Hacken sind wund. Er bittet mich um ein Paar Socken. Die soll er haben, mein letzter Führer bekam ja schon ein Hemd von mir.

Es wird flacher, wir erreichen die Schneegrenze. Die Luft ist warm und diesig; wir sind hier ein gutes Stück über 5000 Meter hoch. Mein Führer muß des öfteren stehenbleiben. Er zeigt auf seine Brust, das Atmen fällt ihm schwer, er ist ein starker Raucher. Mir hingegen geht es vorzüglich. Dankbar akzeptiert er meinen Vorschlag, aufs Pferd zu steigen.

In einem großen Linksbogen erreichen wir den Mana La. Ich bin als erster oben. Hier ruht auf einer hohen, aus Steinen geschichteten Säule ein riesiger Yakschädel. Der Lha-tse daneben nimmt sich ganz klein aus. Es ist das erste Mal, daß ich so etwas auf einem Paß sehe.

Der Abstieg ist leicht und angenehm, jetzt kann mein Führer wieder rennen. Nur mit Mühe vermag ich ihm zu folgen. Bei einem Lha-tse an unserem Weg bedeutet er mir, ihn links liegenzulassen und nicht rechts, wie ich es vorhatte. Schlagartig wird mir klar: Er ist ein Anhänger des vorbuddhistischen Bön-Glaubens; diese pflegen verehrungswürdige Orte entgegen dem Uhrzeigersinn zu umwandern, also gerade umgekehrt wie die Buddhisten. Ich frage ihn, und er bejaht es.

Jetzt verstehe ich auch, weshalb er auf seinem Hausaltar kein Bild des Dalai Lama haben wollte. Ich frage mich, ob der Yakschädel auf der Steinsäule oben auf dem Paß ein für Bönanhänger typisches Zeichen ist. Und vielleicht war ja der Grund, weshalb mein Führer nicht über den Gokar La gehen wollte, nicht, daß dort zuviel Schnee liegt, der Schnee lag wirklich nicht hoch in den Bergen, sondern vielmehr der Wunsch, den Höhepunkt des historischen Prozessionswegs des Dalai Lama zu vermeiden, wenn dieser den Orakelsee besuchte.

Erst bei einem Nomadenzelt machen wir Rast. Eine bildhübsche junge Tibeterin mit ihrem kleinen Sohn kommt zu uns und bringt uns Tee und Tsampa und Käse. Wir revanchieren uns mit kalten Pellkartoffeln, eine Delikatesse für die Leute hier.

Es wird schon dämmrig, als wir das erste Dorf, Changju, erreichen. In der Ferne erkenne ich das Tal des Kyi chu und den Hügel von Dechen Dzong. Bis dahin bleiben noch 15 Kilometer. Heute übernachten wir in einem gepflegten Bauernhaus in einem mit Teppichen geschmückten Gastzimmer. Morgen werde ich alleine weitergehen. Es wird ein Marsch durch dichten Regen werden. Aber das Glücksgefühl, mein Ziel erreicht zu haben, läßt mich alles vergessen.

# Der junge Karmapa

In dem Abschnitt über Geschichte und Religion war bereits von der Kagyü-Schule die Rede. Sie besitzt zahlreiche Unterschulen, von denen die bedeutendste die Karma-Kagyü-Schule ist mit dem Karmapa als ihrem Oberhaupt. Der Nachfolger eines verstorbenen Karmapa wird auf folgende, selbst im tibetischen Buddhismus einzigartige Weise gefunden: Wenn ein Karmapa sein Ende herannahen fühlt, so verfaßt er ein Schriftstück, auf dem er Hinweise gibt auf Merkmale seiner künftigen Wiedergeburt. Er versiegelt es und gibt es einer Person seines Vertrauens, ohne dieser zu sagen, worum es sich handelt.

Die Karmapas hatten ihren Sitz im Kloster Tsurphu. Im Jahre 1959 floh der 16. Karmapa vor dem Druck der chinesischen Armee nach Sikkim, wo die Karmapas traditionell das kleine Kloster Rumtek unterhielten, in das sie sich zeitweise zurückzuziehen pflegten. Bei seiner Flucht nahm der Karmapa die wertvollen Schätze aus Tsurphu mit. Die kostbare Bibliothek hingegen ließ er zurück. Sie fiel den Wirren der Kulturrevolution zum Opfer. Das mitgeführte Vermögen wurde in Sikkim in eine Stiftung eingebracht. Rumtek wurde zum Sitz des Karmapa erklärt.

In den Jahren nach 1959 hat von allen Schulen des tibetischen Buddhismus die Karma-Kagyü-Schule die weiteste Verbreitung in der westlichen Welt gefunden. Dies ist zu einem guten Teil dem 16. Karmapa zuzuschreiben. Unterstützung erhielt er dabei auch von dem 13. Sharmapa, dem geistigen Oberhaupt einer kleineren Kagyü-Schule, welche sich bereits seit 1792 im nepalesischen Exil befindet. Nach dorthin war ein Vorgänger, der zehnte Sharmapa, durch den achten Dalai Lama verbannt worden, weil dieser angeblich auf seiten der Gurkhas stand bei ihrer Invasion Tibets. Der Dalai Lama ging damals sogar so weit, die Suche nach einer künftigen Wiedergeburt eines Sharmapa zu untersagen. Erst 1964 hob der 14. Dalai Lama dieses Verbot wieder auf.

1981 stirbt der 16. Karmapa 58jährig in Chicago. Bis zur Entdeckung seiner Wiedergeburt übernehmen vier Rinpoches die Regentschaft. Sie stehen unter Druck, die Reinkarnation möglichst bald aufzufinden. Immer wieder gibt es Gerüchte, daß der Vorhersagebrief gefunden sei. Reiche Familien, darunter die Familie des Königs von Buthan, spekulieren darauf, daß der neue Karmapa aus ihrer Mitte kommt.

Im Laufe der Jahre spalten sich die vier Regenten in zwei Gruppen mit unterschiedlichen Interessen. Situ Rinpoche und Gyaltsab Rinpoche legen Wert auf gute Beziehungen zur chinesischen Regierung und besuchen häufig Tibet. Der in Nepal ansässige Sharma Rinpoche und Jamgon Rinpoche hingegen halten auf Distanz zu China und scheinen andere Ziele zu verfolgen.

Endlich, im Jahre 1990, einem Eisen-Pferd-Jahr, verkündet Situ Rinpoche, daß er den so lange gesuchten Vorhersagebrief gefunden habe. Er zeigt ihn jedoch nicht sogleich seinen Mitregenten. Erst im Mai 1992 präsentiert er ihn bei einem Treffen in Rumtek. Und zwar hätte er ihn in einem Brokade-Amulett eingewickelt entdeckt, das der verstorbene Karmapa ihm kurz vor seinem Tode geschenkt habe mit den Worten, daß es ihn schützen solle und ihm großen Nutzen bringen werde. Er hätte überhaupt nicht daran gedacht, daß darin ein Brief sein könnte. Eines Tages hätte er doch einmal das Brokade-Amulett geöffnet und darin einen verschlossenen Brief gefunden mit dem Vermerk, ihn erst in einem Pferdejahr zu öffnen.

Bei dem Treffen im Mai 1992 zeigt Situ den Brief herum. Die Schrift ist teilweise verschmiert. Das rühre von seinem Schweiß her, als er das Amulett am Körper trug, sagt Situ. Während Gyaltsab den Brief ohne Bedenken als echt akzeptiert, wünschen Sharma und Jamgon eine forensische Untersuchung. Dies lehnt Situ jedoch ab, er gibt seinen Kritikern nur eine Fotokopie des Briefes.

Situ Rinpoche und Gyaltsab Rinpoche leiten sogleich die Suche nach der Wiedergeburt ein. Sie schicken zwei Bevollmächtigte mit einer Kopie des Vorhersagebriefes nach Tsurphu. Von dort wird eine Suchkommission nach Kham geschickt. In der Ortschaft Lhatog, etwas nördlich von Chamdo, entdecken sie einen siebenjährigen Mönch, dessen Geburt von allerlei Wunderzeichen begleitet war.

Die Eltern sind ärmliche Nomaden. Sie haben drei Söhne und sechs Töchter. Der Junge hat einen älteren und einen jüngeren Bruder. In dem Augenblick seiner Empfängnis stieß ein Habicht über dem Zelt laute Schreie aus. Dies Zeichen wird mit einer Episode aus dem Gesar-Epos in Verbindung gebracht, ein Epos, das in ganz Tibet und Zentralasien bekannt ist. Im allgemeinen halten Habichte sich fern von Menschen. Hier jedoch war der Habicht eine Manifestation von Denma, einem der drei Heerführer von Gesars Armee.

Während der Schwangerschaft träumt der Mutter, drei Kraniche würden ihr eine Schüssel mit Joghurt überreichen. Ein andermal träumt sie, daß Guru Rinpoche ihr einen Brief mit goldenen Buchstaben übergibt, in dem geschrieben steht: Ich gebe Dir dies. Du wirst einen Sohn gebären und er wird ein langes Leben haben. Unmittelbar vor der Geburt erschallt der Ruf eines Kuckucks (auf tibetisch ist sein Name Gottesvogel) und daraufhin folgt eine leichte Geburt. Es ist früher Morgen, die ersten Sonnenstrahlen dringen in das aus schwarzem Yakhaar gewebte Zelt. In der folgenden Nacht träumt der Mutter, daß aus ihrem Herzen ein Regenbogen aufsteigt, geschmückt mit den acht Glückssymbolen. Drei Tage nach der Geburt hören die Leute der Umgegend liturgische Musik. Es sind jedoch nirgendwo Spieler zu sehen. Die Musik dauert dreieinhalb Stunden. Der Knabe wird in ein Kloster in der Nähe gegeben, weil man annimmt, daß er ein Tulku ist.

Das Kind ist des öfteren bei seinen Eltern, so auch, als die Suchmannschaft eintrifft. Die in dem Vorhersagebrief gegebenen Hinweise auf die Reinkarnation des 16. Karmapa bringen die Leute aus Tsurphu zu der Überzeugung, daß sie den 17. Karmapa gefunden hätten.

All dies geschieht ohne Wissen, geschweige denn mit Billigung von Sharma Rinpoche und Jamgon Rinpoche. Kurz darauf kommt Jamgon Rinpoche, der selber vorhatte, nach Tibet zu gehen und dort nach der Wiedergeburt zu suchen, auf bizarre Weise ums Leben. Er hatte ein neues Auto, Marke BMW, geschenkt bekommen. Sein Fahrer, der mit dem Fahrzeug noch gar nicht richtig vertraut ist, macht eine Testfahrt. Mit ihm im Wagen sind Jamgon, dessen persönlicher Diener und ein weiterer Lama. Bei 180 Stundenkilometern will der Fahrer ein paar auf der Straße sitzenden Vögeln ausweichen, das Auto gerät ins Schleudern und rast gegen einen Baum. Nur der Diener überlebt das Unglück. Gegner von Situ Rinpoche äußern den Verdacht, daß an dem Fahrzeug etwas manipuliert worden sei, um Jamgon Rinpoche aus dem Weg zu räumen. Wäre er nach Tibet gefahren, hätte er womöglich entdecken können, daß es bei der Auffindung des Knaben in Kham nicht mit rechten Dingen zugegangen sei.

In Rumtek beginnen die 49tägigen Trauerfeierlichkeiten für den Verunglückten. Der Sharmapa begibt sich auf eine Reise nach Taiwan. Eine Woche später verkünden Situ Rinpoche und Gyaltsab Rinpoche in Rumtek, daß in Tibet eine Suchmannschaft unterwegs sei. Zu diesem Zeitpunkt ist der Knabe bereits gefunden. Anschließend reisen die beiden Rinpoches nach Dharmsala, wo sie den Dalai Lama um die Anerkennung des aufgefundenen Jungen als 17. Karmapa bitten wollen. Sie verpassen ihn dort, der Dalai Lama ist gerade abgereist zum »Erdgipfel« nach Rio de Janeiro. Daher wird er per Fax um seine Anerkennung gebeten, die auch umgehend gewährt wird. Angeblich sind dem Dalai Lama hierbei die Meinungsverschiedenheiten unter den Regenten vorenthalten worden. Er rückt aber auch später, als man ihn darüber informiert, nicht mehr von der einmal gewährten Anerkennung ab.

Am 12. Juni verkünden Situ Rinpoche und Gyaltsab Rinpoche in Rumtek offiziell, daß der 17. Karmapa gefunden sei. Sie laden auch Sharma Rinpoche nach Rumtek ein. Der aber fühlt sich bedroht und erscheint mit einer Leibwache bewaffneter Soldaten in Rumtek. Das ruft bei den Anhängern von Situ und Gyaltsab Empörung hervor, es kommt auf dem Klostergelände zu einem Handgemenge, der Sharmapa zieht sich zurück.

Am 15. Juni erreicht der junge Karmapa das Kloster Tsurphu. Für die fünftägige Fahrt von seinem Heimatort sind ihm und seiner Begleitung mehrere Toyota-Landcruiser der Regierung zur Verfügung gestellt worden.

Ende Juni dann veröffentlicht die offizielle chinesische Nachrichtenagentur eine Erklärung des Büros für religiöse Angelegenheiten in Peking. Es sei alter Brauch, daß jede Wahl eines wichtigen lebenden Buddha von der Zentralregierung genehmigt werden müsse. Ein siebenjähriger Junge aus dem Distrikt Chamdo sei gemäß dem letzten Willen des 16. lebenden Buddhas der Karma-Kagyüpa als dessen Wiedergeburt gefunden und von der buddhistischen Gesellschaft Chinas bestätigt worden. In der Erklärung wird ferner darauf verwiesen, daß seit der Yuan-Dynastie (1271-1368) die Karmapas stets von dem jeweiligen Kaiser von China Ehrentitel erhalten hätten, womit deren Vasallenstatus bekräftigt worden sei.

Zu dieser Geschichte ließen sich mancherlei Kommentare machen. Vieles bleibt ungeklärt. Kritiker an dem Verfahren, wie der 17. Karmapa gefunden wurde – davon gibt es gerade in Deutschland eine ganze Menge –, fürchten, daß der junge Karmapa eine Puppe der Kommunisten sei. Sie würden durch ihn versuchen, die gläubigen Tibeter zu manipulieren und womöglich eine Gegenfigur zum Dalai Lama aufzubauen.

Von all diesen Dingen habe ich keine Ahnung, als ich Anfang September 1992 in Lhasa eintreffe. Ich wohne wiederum im Yak Hotel. In Tashis Restaurant treffe ich Sylvie, eine junge Flämin. Sie ist seit einigen Monaten hier mit einer Gruppe von ›Médecins sans frontières‹, die auf dem Lande, in einiger Entfernung von Lhasa, zwei Krankenhäuser für die tibetische Bevölkerung aufbaut. Sylvie hat eine Aufgabe, anders als die ungebundenen und manchmal vielleicht auch etwas haltlosen Rucksackreisenden. Das spürt man an ihrem Wesen. Neben ihr sitzt ihre Freundin Susi aus Deutschland. Sie will einige Monate in Tibet bleiben, da sie der Buddhismus interessiert.

**Der 17. Karmapa, die Reinkarnation des im Exil gestorbenen 16. Karmapa, in seiner Residenz Tsurphu**

Durch sie lerne ich das später für mich so wichtige Buch von Keith Dowman »The Power Places of Central Tibet« kennen. Von den beiden höre ich, daß in Kürze in Tsurphu ein siebenjähriger Junge als der 17. Karmapa residiert.

Ein anderes Mal treffe ich in Tashis im Restaurant die blonde Katja aus Deutschland mit ihrem amerikanischen Freund Ward. Er hat sich den tibetischen Namen Yongdu gegeben. Yongdu ist Präsident der in Hawaii registrierten Tsurphu Foundation, die ausländische Spenden nach Tibet leitet, wo sie dem Wiederaufbau des Klosters Tsurphu zugute kommen.

Die beiden erzählen von dem jungen Karmapa. Jetzt, wo er als Reinkarnation anerkannt ist, bekommt er intensiven Unterricht in Schreiben und Lesen. Katja und Yongdu haben jederzeit Zutritt zu seinen Privaträumen, Yongdu soll ihm Englisch beibringen. Katja zeigt Fotos von dem Jungen. Auch einen Außenstehenden wie mich beeindrucken die Bilder. Der Blick aus den dunklen Augen scheint von unergründlicher Tiefe.

Drei Wochen später, am 27. September 1992, soll der Karmapa in Tsurphu inthronisiert werden. Im Yak Hotel will alle Welt dorthin. Eine Gruppe hat einen Bus gechartert. Er wird jedoch bei einer Straßenkontrolle angehalten und zurückgeschickt. Es heißt, die Busunternehmen hätten Anweisung erhalten, kein Fahrzeug mehr an Ausländer zu vermieten. Vielleicht sollte man sich davon nicht einschüchtern lassen und trotzdem versuchen, dorthin zu gelangen. Ich bemühe mich aber nicht darum, dort ist sicherlich ein riesiges Gedränge. Der Filmemacher Kuby soll auch kommen und das chinesische Fernsehen. Ich bin noch etwas erschöpft von meiner einsamen Pilgerfahrt durch die Berge von Samye nach Lhasa und der Reise zu den heißen Quellen in Terdrom und kann mich nicht so schnell umstellen auf eine Massenveranstaltung. Später mag ich das bedauern, die Inthronisation eines Karmapa ist schließlich ein großes und vor allem ein sehr seltenes Ereignis.

Mit meinem Zimmergenossen, einem nepalesischen Händler, gehe ich nachmittags über den Markt. Er hat jahrzehntelang in Lhasa gelebt, und es ist höchst interessant, aber auch amüsant, ihn beim Einkaufen zu beobachten. Hier in Lhasa wohnt noch seine Jugendliebe. Sie kommt zu uns ins Zimmer, es ist eine immer noch schöne und gepflegte Tibeterin. Heute abend will er bei ihr ein Festmahl bereiten, er kocht für sein Leben gern.

Abends berichtet mein Zimmergenosse, daß heute auf dem Barkhor ein Tibeter von Sicherheitsbeamten erschossen worden sei und daß ein anderer ein Auge verloren hätte, als sie für ein freies Tibet demonstrieren wollten. Seine Freundin habe ihm das erzählt. Er solle das aber für sich behalten, deshalb berichtet er mir keine weiteren Einzelheiten. Viele Tibeter, auch seine Freundin, seien daraufhin zum Beten in den Jokhang gegangen.

Er erzählt mir dann noch, daß er sich als 17jähriger in das damals 14jährige Schulmädchen verliebt hatte. Er war erst seit kurzem Lehrling in einem nepalesischen Handelshaus in Lhasa. Obwohl er nicht Tibetisch sprach zu jener Zeit, hätten sie sich gut verstanden. Dann kam die blutige Niederschlagung des Aufstands von 1959 durch die chinesischen Truppen. Er hat das miterlebt, er hat die unzähligen Leichen von Mönchen beim Norbulinka gesehen, bis sie auf Lastwagen mit unbekanntem Ziel abtransportiert wurden. Seine Freundin stammte aus einer vornehmen Familie, die Eltern wurden von den Chinesen verhaftet. Um ihnen etwas zu essen bringen zu können, mußte sie den Bewachern zu Willen sein. Seit dieser Zeit hat sie eine unüberwindliche Angst vor den chinesischen Soldaten.

Den ganzen Tag über lese ich in dem Buch von Dowman. Jetzt, da ich selbst einige der dort beschriebenen Orte besucht habe, beginne ich zu verstehen, wovon hier die Rede ist. Die Ereignisse in Tsurphu kommen mir dabei gar nicht mehr in den Sinn. Ein Spanier hat dort einen Videofilm gedreht. Er konnte sich während der Zeremonien in Tsurphu zeitweise ganz nahe an den jungen Karmapa herandrängen. Morgen abend soll der Film im Snowland Hotel gezeigt werden.

Ich sehe ihn mir an. Zunächst vollführen Mönche Maskentänze. Liturgische Musikinstrumente ertönen, alles macht einen etwas laienhaften Eindruck, aber das berührt mich sympathisch. Dann kommt der junge Karmapa ins Bild, in vollem Ornat sitzt er auf dem Thron. Vor ihm werfen sich die hohen Würdenträger der Karma-Kagyüpa auf den Boden, ältere, würdig aussehende Männer. Ich könnte mir vorstellen, daß hier auch Vertreter der anderen Schulen dem Oberhaupt der Schule der mündlichen Überlieferung ihre Referenz erweisen. Unzählige Khatags werden dem Jungen überreicht. Er übergibt sie einem neben ihm stehenden Bedienten. Es ist eindrucksvoll zu beobachten, wie das Kind die ausgedehnte Zeremonie aufmerksam beobachtet, wie es auch schon einmal gähnt und sich unter seiner schwarzen Tiara den Schädel kratzt, aber immer sofort wieder ganz bei der Sache ist. Dies ist offensichtlich ein hochintelligenter, hellwacher Knabe, der Würde und Autorität ausstrahlt, gepaart mit natürlicher Anmut.

Ich bin froh, daß ich dies hier in Lhasa mitansehen durfte. Sicherlich wird auch in Deutschland später einmal

Im 1189 gegründeten Kloster Tsurphu residiert der Karmapa, das Oberhaupt der Karma-Kagyü-Schule

ein Film hierüber gezeigt werden, professionell gemacht und im Großformat. Was man aber nicht exportieren kann, das ist der Genius loci dieses Landes. Den kann man nur spüren an einem Abend wie heute.

Als ich Mitte August 1993 wieder nach Lhasa komme, führt mich mein erster Weg nach Tsurphu. Ich nehme den ganz früh aus Lhasa abfahrenden Pilgerbus. Die Fahrt geht ein Stück den Kyi chu abwärts, bis wir rechts ins Tal des Tobing chu abbiegen. Hier beginnt die große Überlandstraße nach Golmud. Nach etwa 30 Kilometern geht es links in ein Seitental ab. Nach abermals 30 Kilometern erreichen wir Tsurphu.

Jeden Mittag um ein Uhr ist Audienz beim jungen Karmapa. Der Beginn wird mit Fanfaren angekündigt. Die Besucher steigen in das Obergeschoß des Haupttempels. Vertreter des Karmapa nehmen dort die mitgebrachten Geschenke entgegen. Dann tritt jeder einzeln vor den jungen Karmapa, der hinter einem hohen Pult auf einem noch höheren Thron sitzt. Am auffälligsten sind die durchdringenden großen dunklen Augen des Jungen. Er führt einen an einem Stab hängenden bunt geschmückten Stoffballen an das Haupt des Besuchers und erteilt ihm damit seinen Segen. Vor dem Verlassen des Audienzraumes bekommt man einen roten Wollfaden als Geschenk des Karmapa. Ich knüpfe ihn mir um den Hals.

Manche Ausländer erzählen, sie hätten den Eindruck, daß die ganze Zeremonie den Jungen langweilen würde und daß er lieber etwas anderes täte. Wer so etwas sagt, der ist womöglich nicht mit der richtigen geistigen und geistlichen Einstellung vor den Karmapa getreten. Ich traue dem Knaben durchaus zu, daß er dies herausspürt und entsprechend reagiert.

Tsurphu hat seit kurzem ein einfaches Gästehaus und

auch ein kleines Restaurant. Bis zur Rückfahrt nach Lhasa sitze ich dort noch mit Yongdu und einigen anderen ausländischen Besuchern beim Tee. Vor ein paar Monaten geschah hier ein Wunder, erzählt Yongdu. Die ehemalige Residenz des Karmapa wird zur Zeit wiederaufgebaut. Eines Morgens entdeckte man hoch über dem Erdboden in einem der zum Bau verwendeten Steine an der Außenmauer den Abdruck der linken Hand des jungen Karmapa. Wir sehen uns das an und können nur staunen.

Einen Monat später habe ich eine Pilgerfahrt zum Orakelsee unternommen. Vor der Heimreise besuche ich Tsurphu noch einmal. Bei der Audienz bin ich einer der ersten, der vor den Thron des Karmapa tritt. Ich gebe mir Mühe, mich ganz auf diesen Augenblick zu konzentrieren. Es ist mir nicht gleichgültig, was geschieht. Vielleicht hat es der Junge mit dem hohen Amt ja gespürt. Nachdem ich am Ausgang des Saales den roten Wollfaden in Empfang genommen habe, wende ich mich ihm noch einmal zu. Es gibt ja Zwistigkeiten um seine Person. Möge es dem Jungen gelingen, sie im Laufe seiner Regentschaft zu überwinden. Das wünsche ich ihm zum Abschied.

Seit 1994 gibt es im Kloster Rumtek in Sikkim einen Gegenkarmapa. Er genießt die Unterstützung des 13. Sharmapa. Seitdem fürchtet man in Tsurphu um die Sicherheit des jungen Karmapa. Vor Beginn der Audienz werden die Besucher einer Leibesvisitation unterzogen, und während der Audienz werden sie zum Karmapa auf Distanz gehalten.

Der junge Karmapa war im Herbst 1994 in Peking, wo er dem Vernehmen nach seine Loyalität gegenüber der chinesischen Regierung bekundet hat. Während im Oktober 1994 die Fotos vom Dalai Lama auf dem Barkhor beschlagnahmt wurden, sind die des Karmapa auch weiterhin dort erhältlich. Abgesehen von den täglichen Audienzen, ist dem Karmapa inzwischen jeglicher Kontakt mit Ausländern verwehrt. Es scheint, daß die Obrigkeit ihn zur religiösen Identifikationsfigur auserkoren hat.

# Drigung Mandala

Östlich vom Oberlauf des Kyi chu erstreckt sich der Drigung-Distrikt. Sein Zentrum ist das von Ost nach West laufende Drigung-Tal. Im zwölften Jahrhundert wurde hier in der Tradition von Milarepa ein Zweig der Kagyü-Schule gegründet. Die Drigung-Kagyü entwickelten sich zu einer der bedeutendsten Kagyü-Schulen. Ihr Hauptkloster Drigung Til liegt etwa 45 Kilometer das Drigung-Tal aufwärts an einem Berghang. Zusammen mit dem Nonnenkloster Terdrom, in dessen Nähe sich eine der Meditationshöhlen (tibetisch: Ani Gompa) des Guru Rinpoche befindet, bildet dieses Gebiet eine bis heute intakte geographische, kulturelle, politische und religiöse Einheit, der Keith Dowman den Namen Drigung Mandala gibt.

Als ich Mitte September 1992 von meiner einsamen Wanderung durch die Berge nach Lhasa zurückgekehrt bin, halte ich nach einem neuen Ziel Ausschau. Tashi hatte mir von den heißen Quellen bei der Ani Gompa Terdrom erzählt. Im Herbst pflegen Tibeter dorthin zur Kur zu gehen. Von den Gästen des Yak Hotels ist noch niemand dort gewesen. Öffentliche Verkehrsmittel nach dort gibt es nicht. Man könnte sich natürlich einen Landcruiser mieten, aber ich habe inzwischen eine höhere Stufe des Reisens erklommen, von der ich nicht wieder herabsteigen möchte.

Ich gehe abends zu Emma in den Schlafraum, wo sie ihrer Lieblingsbeschäftigung nachgeht und die Hülle einer Filterzigarette mit Haschisch füllt. Emma ist eine Waliserin, drei Jahre ist sie schon unterwegs. Wenn ihr das Geld ausgeht, sucht sie sich Arbeit. Mit ihren großen Augen und ihrem schmalen Gesicht erinnert sie mich an eine englische Schauspielerin aus den fünfziger Jahren. Als ich ihr von meinem Plan erzähle, die heißen Quellen in Terdrom zu besuchen, sagt sie sofort zu, mich zu begleiten. Angenehm wohlig klingt der Tag aus im Rauch der herumgereichten Zigarette.

Am nächsten Morgen fahren wir mit einem Linienbus bis nach Medro Gongkar, etwa achtzig Kilometer den Kyi chu flußaufwärts. Als wir dort ankommen, steht vor uns ein Lastwagen, auf den sich die ausgestiegenen Fahrgäste stürzen. Ja, der ginge weiter nach Drigung, ruft man uns zu. Eiligst klettern wir auf das schon übervolle Fahrzeug. Das geht ja besser, als ich je zu hoffen gewagt hatte, gleich Anschluß in Richtung auf unser Ziel!

Zunächst fahren wir weiter entlang des Kyi chu flußaufwärts. Nach etwa fünfunddreißig Kilometern erreichen wir das von rechts, also von Osten, einmündende Drigung-Tal. Hier liegt der Hauptort des Drigung-Distrikts, Drigung Qu. Die meisten Leute steigen hier ab. Wir haben Glück, der Lastwagen fährt weiter, das Drigung-Tal aufwärts. Manchmal halten wir, weil am Straßenrand jemand steht, der auf mitgebrachte Sachen wartet, zum Beispiel eine schwere Pflugschar.

Nach etwa 45 Kilometern durch das malerische Tal des Drigung chu, dessen Hänge mit Bäumen im Herbstlaub geziert sind, biegen wir von der Straße nach links ab und fahren in eine Straßenmeisterei. Wir fragen nach der Ani Gompa. Man zeigt auf die roten Klostergebäude, die sich 300 Meter über dem Talboden an der steilen Bergwand hinter der Straßenmeisterei entlangziehen.

Wir schultern unsere Rucksäcke. Zunächst können wir gar nicht erkennen, wo ein Weg hinaufführt zum Kloster. Beim Näherkommen lassen sich jedoch zahlreiche serpentinenartige Fußwege ausmachen. Beim Aufstieg holen uns zwei Mönche ein, die sich erbieten, die Rucksäcke zu tragen. Oben angekommen, zeigen sie uns, wo wir uns anzumelden haben.

Hier nun wird uns endgültig klar: Dies ist keine Ani Gompa, und heiße Quellen gibt es hier auch nicht. Vielmehr sind wir in dem Kloster Drigung Til, oder einfach Til, gelandet. Bar jeder Literatur sagt mir das wenig. Später in Lhasa entnehme ich dem Buch von Keith Dowman, daß es das Hauptkloster eines Zweiges der Kagyü-Schule ist. Es wurde 1197 gegründet und seitdem wiederholt zerstört. Der Tradition dieser Schule entsprechend leben die Mönche und auch einige Nonnen in kleinen, über den ganzen Hang verteilten Eremitenwohnungen.

Gemeinsam ist ihnen nur die Versammlungshalle und der Tempel und natürlich die Küche. Dort empfängt man uns und zeigt uns unsere Unterkunft, ein großes Zimmer auf dem flachen Dach des Tempels. An den Wänden ziehen sich Liegen hin mit alten Steppdecken, in der Mitte steht ein Tisch mit einer Kerze. Von dem Tempeldach vor unserer Behausung haben wir einen herrlichen Blick auf das weite Tal in der Abendsonne.

Zum Tagesausklang steige ich den Hang weiter hinauf an zahlreichen kleinen Mönchsbehausungen vorbei, bis ich an den oberen Teil des Umgehungsweges komme. Innerhalb des Klostergeländes gibt es steil abfallende Felswände. Stellenweise mußten leiterartige Treppen angelegt werden. An vielen Stellen sprudelt Quellwasser aus dicken Röhren.

Nach dem Frühstück machen wir uns mit unseren Rucksäcken auf den Weg zur Ani Gompa. Ein Stück flußabwärts, hatten uns die Mönche gesagt, und dann rechts in ein Seitental. Es scheint uns vernünftig, einem

**Til, das 1176 gegründete Hauptkloster der Drigung-Kagyüpa-Schule, westlich von Lhasa**

deutlich erkennbaren Weg zu folgen, der sich auf der Höhe hält. Inzwischen hat uns die Sonne erreicht, es ist ein wunderbarer Spaziergang. Der Weg ist immer noch ziemlich breit und steigt sogar etwas an, er wird wohl über einen Buckel in das seitlich abbiegende Tal zur Ani Gompa führen.

Aber es ist schon merkwürdig, der Weg führt jetzt in die Höhe, zahlreiche Masten mit Gebetswimpeln tauchen auf, einige Chörten und ganze Mauern aus Yakschädeln, in die das »Om Mani Padme Hum« eingeritzt ist, und schließlich sogar ein kleiner Tempel. Ich steige höher, und plötzlich sehe ich dicht über mir auf einem schwach ansteigenden Weg zwanzig bis dreißig Aasgeier hocken. Sie starren mich mit ihrem häßlichen kleinen Kopf an. Sie sind überhaupt nicht scheu. Als ich mich ihnen nähere, machen sie mir widerwillig mit unbeholfenen, torkelnden Schritten Platz. Kein Zweifel, hier werden die sogenannten Himmelsbestattungen vollzogen. Die Vögel warten auf die nächste Mahlzeit, bestehend aus mit Tsampa delikat vermischtem Ragout von einer zerstückelten Leiche. Jetzt verstehe ich auch den Sinn der zahlreichen Wimpel und der Mauern aus Yakschädeln: sie umgrenzen den Ort, wo die Toten zerhackt und zur Verfütterung präpariert werden.

Da kommen von unten drei Männer herauf, zwei von ihnen sind Mönche, der dritte trägt einen großen Plastiksack auf dem Rücken. Da ist doch wohl nicht eine Leiche drin? Nein, natürlich nicht, diese würde auf feierlichere Art hergebracht werden. Vielmehr befindet sich in dem Sack aromatisches Wacholdergesträuch. Es wird in der Mitte des Bestattungsplatzes in zwei der landesüblichen Weihrauchöfen gelegt und entzündet. Die Mönche sprechen dabei Gebete. Der Tote wird wohl erst morgen gebracht werden. Jetzt erscheint auch ein Mann, der ein kostbar gesatteltes Pferd im vorgeschriebenen Sinne auf dem Umgehungspfad des Bestattungsgeländes herumführt. Es scheut des öfteren, irgendwie muß ihm die Gegend wohl unheimlich vorkommen. Ich vermute, daß es das Pferd des Verstorbenen ist.

Später lese ich in dem Buch von Keith Dowman, daß hier ein in ganz Tibet berühmter Bestattungsplatz ist, Dundro auf tibetisch. Der Überlieferung nach ist der Drigung Dundro durch einen Regenbogen mit dem berühmtesten der acht großen Plätze für Feuerbestattungen in Indien verbunden.

Zur Ani Gompa geht es hier also nicht. Eine alte Frau weist uns weiter flußabwärts in das nächste und wesentlich größere Seitental. Unser Weg verläuft dicht an dem reißenden Fluß. Von Zeit zu Zeit wird das Tal von steil aufragenden Felswänden eingeengt. Bei einer gewaltigen Höhle riecht es nach Schwefel, die Felswand darüber ist gelb verfärbt. Manchmal gibt es einen kleinen Graupelschauer. Nach gut zwei Stunden öffnet sich das Tal. Zwei Flüsse vereinigen sich hier. Rechts im Hintergrund erhebt sich ein gewaltiges Kalksteingebirge. Mit seinen steilen und zerklüfteten Formationen von hellgrauer Farbe hebt es sich deutlich von den anderen Bergen ab. Immer wieder muß ich dahin schauen. Trotz meiner Erschöpfung spüre ich, daß dies ein besonderer Ort ist.

Wir müssen noch eine Steigung überwinden, dann sehen wir hinab in eine tiefe Schlucht, in der sich zwei reißende Bergbäche vereinen. Sie schließen einen steilen Bergrücken mit zahlreichen Gebäuden ein, der mit gutem Grund Elefantenkopf genannt wird. Ein Tempel läßt sich ausmachen, das andere scheinen kleine Eremitenbehausungen zu sein.

Unten angekommen, zeigt uns eine Nonne die Unterkunft. Es ist ein mit dem Rücken zum Fluß stehendes flaches Steingebäude. Dort bekommen wir einen langen schmalen Raum zugewiesen. Durch die verdreckten Fenster dringt nur kümmerliches Tageslicht. An den Wänden stehen Liegen mit zerlumpten Decken. Es ist schlicht schmutzig hier. Dafür kostet es auch nur 1 Yuan, das sind 20 Pfennige.

Direkt vor unserer Herberge sprudeln die heißen Quellen. Ein schmaler Zugang führt in ein kreisförmiges, etwa 70 Zentimeter tiefes Becken von fünf Metern Durchmesser. Der Boden ist mit grobem Kies bedeckt. Aus dieser Kiesschicht sprudelt das heiße Wasser. Ich schätze es auf knapp fünfzig Grad. Umgeben ist das Ganze von einer hohen Steinmauer, die Sichtschutz gewähren soll. Dies ist das Becken für Männer. Sein Auslauf führt in das ebenso angelegte Frauenbecken, auch dort kommt noch einmal heißes Wasser aus dem Boden. Mit dem Sichtschutz ist es nicht weit her. Überall von den steil aufragenden Talwänden kann man ungehindert in die Badebecken blicken.

Natürlich besuche ich sogleich das Becken mit der heißen Quelle. Einmal, als ich dort ganz alleine im sprudelnden Wasser hocke, sehe ich aus einer der Ritzen der steinernen Umfassungsmauer eine Schlange hervorkommen. Langsam schiebt sie sich weiter hinaus und fährt dabei mit dem Kopf dicht über der dampfenden Wasseroberfläche entlang. Ich denke bereits, daß sie in Verlegenheit ist und nicht weiterweiß. Doch da schießt sie plötzlich mit großer Geschwindigkeit aus ihrem Loch gerade ins Wasser hinein und schwimmt in graziösen Bewegungen zum Abflußkanal, der in das Frauenbecken führt. Gut einen Meter ist sie lang und ganz schlank.

In keinem Augenblick fühlte ich mich bedroht, ich glaubte ja auch, das Tier sei in Not. Jetzt bin ich fasziniert von dem, was ich gesehen habe. Tibeter erzählen mir später, daß die heißen Quellen bekannt sind für die hier lebenden Wasserschlangen und daß sie als Schutzgeister verehrt werden.

Die heißen Quellen einerseits und die im Kalksteingebirge gelegene Meditationshöhle des Guru Rinpoche in etwa 5400 Metern Höhe andererseits sind die beiden Brennpunkte, die Kraftorte von Shotö Terdrom, was soviel heißt wie Schatztruhe. Der Nangkhor, der innere Pilgerweg, der um diese beiden Orte herumführt, könne in seiner Schwierigkeit und Länge sowie in seiner Wirkung auf Körper und Geist verglichen werden mit dem Parikrama, dem Pilgerweg um den Berg Kailas, schreibt Keith Dowman.

Nicht bei diesem Besuch, erst zwei Jahre später vollziehe ich den Nangkhor. Man erreicht eine kräftige Quelle, die mit der Meditationshöhle des Guru Rinpoche verbunden sein soll, und danach eine kleine, im Wiederaufbau befindliche Ani Gompa. Eine junge Nonne versorgt mich dort mit Tee. Hier ist der Aufstieg etwa zur Hälfte geschafft. Der weitere Weg ist nicht zu verfehlen, Chörten und Lha-tse, geschmückt mit Gebetswimpeln, zeigen ihn an. Oben angekommen, geht es auf einem schmalen Grat entlang. Links und rechts zieht sich lockerer Schutt in die Tiefe. Wer hier ins Rutschen kommt, für den gibt es kein Halten. Etwa 5400 Meter bin ich hier hoch. Steile, zerklüftete Kalkberge erheben sich noch höher. In einem von ihnen ist die Höhle, in welche Guru Rinpoche und seine Gefährtin Yeshe Tsogyel sich zurückgezogen hatten, nachdem sie auf Betreiben feindlich gesinnter Bön-Anhänger die Yamalung-Höhle, etwas

**Die berühmten heißen Quellen von Terdrom, nördlich von Drigung Til**

nördlich von Samye, hatten verlassen müssen. Als Guru Rinpoche bereits wieder nach Indien zurückgekehrt war, kam Tsogyel im Alter zurück, um hier die letzten Meditationsübungen vor ihrem Tod zu absolvieren. Sicherlich ist ihr es zu verdanken, daß Terdrom stets ein wichtiger Ort für Nonnen war.

Der Abstieg beginnt mit einem Steilstück. Ich gehe hier besonders vorsichtig, zustoßen darf mir in dieser Einöde nichts. Der Weg ist nicht zu verfehlen, es geht immer bergab, ich folge den Trampelpfaden der Weidetiere. Es dauert lange, bis linker Hand ein wiederaufgebautes Mönchskloster erscheint. Danach führt der Weg durch ein wildes enges Tal. Immer wieder muß ich das eiskalte Wasser barfuß durchqueren. Es vergehen fast neun Stunden, bis ich mein Quartier bei den Nonnen erreiche. Ich spüre keinerlei Erschöpfung, sondern nur das stolze Glücksgefühl, eine ebenso bedeutsame wie schwierige Übung vollzogen zu haben.

Die Besucher der heißen Quellen stammen aus allen Schichten: verwegen aussehende Nomaden, die bestimmt schon lange kein Bad mehr genommen haben, Bauarbeiter, vereinzelt auch Heilung suchende Tibeter aus Lhasa. Gestern abend war mir ein sehr vornehm wirkender älterer Herr aufgefallen, der schlecht gehen konnte und von zwei Dienern ins Wasser geleitet wurde. Nach dem Bad wurde ihm ein eleganter, blau ausgeschlagener Mantel umgehängt. Ich hatte ihn höflich gegrüßt, gerne würde ich ihn etwas näher kennenlernen.

Als wir nachmittags gemeinsam im Bad sitzen, spreche ich ihn an. Ich erfahre, daß er aus Lhasa kommt und 67 Jahre alt ist. Aus Deutschland käme ich? Das sei ja jetzt vereinigt. Er deutet mir an, wie sehr ihn das freut.

Es muß sich bei ihm um eine hochgestellte Person

handeln. Oben, wo die Fahrstraße endet, ist der Toyota Landcruiser abgestellt, der ihn hergebracht hat. Und er wohnt natürlich sehr viel nobler als wir in einem Gehöft auf dem Weg zum Tempel, dessen Tor immer verschlossen ist und das von einem Hund bewacht wird. Der könnte uns eigentlich auch einmal zum Essen einladen, denke ich. Und so geschieht es dann auch.

Wir werden durch den Hof in einen großen, von Tageslicht gut beleuchteten Raum geführt, der auf das eleganteste mit Liegen, Teppichen und Möbeln ausgestattet ist. Neben dem Hausherrn nehmen wir Platz. Zwei Diener setzen uns Tee und vorzügliches Gebäck in feinen Porzellanschalen vor. Aus dem Hintergrund erscheint jetzt die Dame des Hauses – so muß man sie wirklich bezeichnen: eine stattliche, immer noch schöne ältere Frau, offenbar die Gemahlin unseres Gastgebers, in traditioneller tibetischer Tracht. Aber diese von einer Eleganz und Qualität, wie ich sie noch niemals gesehen hatte. Allein der Schmuck, den sie trägt: feinste Silberarbeiten, kostbare Türkise und Korallen. Ich bin sicher, daß ich hier Angehörige einer alten Adelsfamilie von Lhasa vor mir habe.

Ich weiß, die Kommunisten haben in Tibet – wie übrigens auch im eigentlichen China – einige Mitglieder der Oberschicht vor dem Schlimmsten verschont. Der Preis dafür war immer, daß sie zur Zusammenarbeit mit den neuen Oberherren bereit waren. Gerne hätte ich gewußt, um wen es sich hier handelt. Ich bitte daher unseren Gastgeber, mir seinen Namen in mein Notizbuch zu schreiben, während ich ihm meine Visitenkarte überreiche. Später in Lhasa zeige ich das Geschriebene vor, aber aus dem Namen – Norbu Dandü – könne man nichts entnehmen, wurde mir gesagt. Hier sollte wohl Anonymität gewahrt bleiben.

Die Bewirtung dauert an. Süßes Gebäck und Paste aus Käse, Honig und Nüssen. Wir schwelgen in den dargebotenen Delikatessen. Zu lange bleiben wir nicht, ich hoffe, daß wir keinen schlechten Eindruck hinterlassen.

Morgen früh soll ein Lastwagen von hier bis nach Lhasa fahren. Sicherlich wird er uns mitnehmen. Die ganze Reise scheint unter einem guten Stern zu stehen. Wir beschließen den Tag mit einem heißen Bad unter den Sternen.

# Eine Pilgerfahrt zum Orakelsee

Noch aus vorbuddhistischer Zeit stammt der Glaube der Tibeter, daß jedes Wesen, ob Individuum, Familie oder ganzes Land, einen Lebensgeist, ein La, besitzt. Seine Verkörperung findet er in der Natur, in Bergen, Seen, Bäumen und ähnlichem. Der Lebensgeist Tibets ist verkörpert im Lhamo Latso, im Lebensgeist-See von Lhamo. Pelden Lhamo ist die Schutzherrin von Tibet. Sie wird meistens in ihrer furchterregenden Gestalt dargestellt, mit der sie die Feinde vertreibt.

Es war Tradition, daß ein Dalai Lama nach der Inthronisation eine Pilgerfahrt zum Lhamo Latso unternahm. Dort konnte er die Geschehnisse der vor ihm liegenden Regierungszeit im voraus erfahren und den Zeitpunkt und die Umstände seines Todes. Der gegenwärtige Dalai Lama allerdings hat den Lhamo Latso nicht besucht. Die turbulenten Ereignisse im Zusammenhang mit der Besetzung Tibets durch die chinesische Volksbefreiungsarmee hinderten ihn daran. Der Lhamo Latso spielte auch eine Rolle, wenn es darum ging, die Reinkarnation eines verstorbenen Dalai Lamas zu finden.

Obgleich die meisten Reisenden vom Orakelsee, wie der Lhamo Latso auch genannt wird, gehört haben, wird er selten besucht. Die Gründe dafür sind mir nicht so klar. Sicherlich, er ist abgelegen. Und die Gegend östlich von Lhasa ist, anders als die Gebiete westlich von Lhasa, durch die sich die Straße von Lhasa nach Katmandu zieht, von den Sicherheitsbehörden bisher streng abgeschirmt gewesen. Ähnliches ließe sich jedoch auch vom Kailasgebiet sagen, und dennoch fahren jedes Jahr zahlreiche Touristen zum Kailas. Ich glaube, der Besuch des Lhamo Latso ist bisher immer nur isoliert gesehen worden. Die eintägige Tour vom Kloster Chökhorgyel zum Lhamo Latso und zurück fällt natürlich ab gegenüber dem dreitägigen Parikrama um den Kailas. Aber wenn man sich dem Lhamo Latso auf einem längeren Pilgerweg nähert und dies zur körperlichen und geistigen Vorbereitung des Besuchs des Lhamo Latso nutzt, dann hat man ein Erlebnis, welches sich mit allem messen kann, was Tibet sonst noch zu bieten hat.

Ich möchte versuchen, den Orakelsee auf eigene Faust zu besuchen. Dazu habe ich mir mit Hilfe des Buches von Keith Dowman einen Weg zurechtgelegt. Ich mußte ihn aus im Text verstreuten Bemerkungen zusammensuchen. Das Buch enthält auch zwei für meinen Zweck dienliche Karten. Allerdings sind die Angaben dort mit allem Vorbehalt aufzunehmen, was der Autor selbst hervorhebt. Ich weiß also nicht, wie schwierig die Route ist.

Zu meinem Begleiter wähle ich mir Jimpa, einen etwas schüchternen jungen Mann, der mir als Mönch vorgestellt wird, obgleich er keine Mönchskleidung trägt. Daß er Mönch ist, stimmt insofern, als er im Kloster Labrang in Amdo die Mönchsgelübde abgelegt hat. Er fand dann aber keine Aufnahme in einem Kloster, darüber entscheiden die Sicherheitsbehörden. Auf diese Weise wird versucht, die traditionell aufsässigen Klosterinsassen unter Kontrolle zu halten.

Ich biete ihm umgerechnet zehn Mark Lohn pro Tag sowie die Übernahme der Kosten für Transport und Unterkunft. Er ist einverstanden damit, vorausgesetzt, ich bekomme von den Behörden einen Permiß für die Tour. So ein Erlaubnisschein ist nicht so einfach zu bekommen. Zwanzig Tage nach meiner Ankunft in Lhasa habe ich ihn schließlich in der Hand.

Am nächsten Tag begeben wir uns auf die Reise. Es ist der 31. August 1993. Ich hatte herumgefragt, welche Tage als verheißungsvoll gelten, wenn man eine Reise antreten will, und welche man vermeiden sollte. Ein Tibeter würde niemals an einem Sonntag aufbrechen. Ein Dienstag wie heute, das ist in Ordnung. Ein Chinese bevorzugt Tage mit einem ungeraden Datum, auch das stimmt heute. Womöglich noch verheißungsvoller wäre der morgige Mittwoch, der 1. September, weil dann auch noch Vollmond ist.

Zunächst fahren wir mit dem Linienbus nach Medro Gongkar am linken Ufer des Kyi chu aufwärts. Unser nächstes Ziel ist das Kloster Rutok, achtzig Kilometer weiter im Osten auf der Straße nach Nyingchi. Öffentliche Verkehrsmittel nach dort gibt es nicht. Wir haben Glück, am nächsten Morgen nimmt uns ein privater Kleinbus mit, der weiter bis nach Chamdo fährt, dem Hauptort von Kham. Das Kloster liegt links der Straße in einer Schlucht, in der Nähe sind heiße Quellen. Früher gab es hier ein rundes Badebecken, das inzwischen jedoch verfallen ist.

Nach einem reichlichen tibetischen Essen laufen wir die Straße ein Stückchen weiter, bis rechts ein Weg nach Süden in ein weites Seitental führt. Wir müssen ziemlich hoch sein, denn seit Lhasa ist die Straße beständig angestiegen. Das ist auch nur gut, dann haben wir nicht so viel zu steigen bis zur Paßhöhe. Und auch für den Weg insgesamt gesehen ist es gut: Nach mancherlei Auf und Ab werden wir den Unterlauf des Tsangpo erreichen, der sehr viel tiefer liegt, als wir es hier sind. Dort gedeihen Walnußbäume und wilde Aprikosen. Das bedeutet, das mühsame Aufsteigen wird mehr als ausgeglichen durch das im allgemeinen bequemere Absteigen.

Solchen Gedanken kann ich aber nicht lange nachhängen, der Weg erfordert meine ganze Aufmerksamkeit. Die starken Regenfälle der letzten Zeit haben überall ihre Spuren hinterlassen. Pfützen und kleine Rinnsale überziehen unseren Pfad. Jeder Schritt muß sorgfältig gesetzt sein, wenn man nicht im Schlamm versinken will. Da bleiben immer nur kurze Augenblicke, in denen man aufschauen kann. Der Wind bläst uns entgegen, hinter uns ziehen Regenwolken auf.

Wir kommen gut voran. Manchmal treffen wir einen Reiter oder Kinder, die Vieh treiben. Jimpa nutzt dann immer die Gelegenheit zu einem ausführlichen Plausch, das entspricht seiner Natur. Allmählich müssen wir daran denken, ein Nachtquartier zu finden. Als uns eine jüngere Frau mit leichtem Gepäck überholen will, zeigt Jimpa sich von seiner besten Seite. Beide sind gleich alt – 28 Jahre – und die junge Frau genießt sichtlich die Aufmerksamkeit, die ihr zuteil wird. Es ist die Frau eines Nomaden, der ein Stück weiter oben sein Zelt hat. Jimpa kommt mit ihr überein, daß wir dort die Nacht verbringen. Sie läuft hurtig voraus, ihr Mann braucht ja nicht zu sehen, daß sie sich mit einem Fremden gut unterhält. Es ist noch ein gutes Stück Wegs, bis wir vor dem Zelt stehen. Inzwischen hat es angefangen zu regnen.

Ich sehe gleich, es sind arme Leute. Der scharze Wachhund taugt nicht viel. Drinnen begrüßt uns die Frau mit heißem Buttertee, wir sollen es uns gemütlich machen, sie muß hinaus zum Melken. Der Mann hat die Tiere – Yaks, Schafe und Ziegen – vor das Zelt getrieben, wo sie angebunden werden. Er scheint ein gut Teil älter zu sein als seine Frau und sieht ungepflegt aus gegenüber dem stadtfeinen Jimpa.

Ich fühle mich als unbeteiligter Zuschauer, die angebotenen Zigaretten der Marke Wu Niu (Fünf Ochsen) sind höchst willkommen. Drei Kinder haben die beiden. Das jüngste, obwohl schon 13 Monate alt, wird noch gestillt. Neugeborene Schafe und Ziegen kriechen ins Zelt, draußen ist der Regen allmählich in Schnee übergegangen. Der Mann kocht den Tee. Es ist schon dunkel, als alle Arbeit draußen erledigt ist, und wir unseren Tsampa, gewürzt mit getrocknetem Käse, verzehren. Der Mann ist der Wirt, die Frau hält sich zurück.

Für die Nacht deckt uns der Zeltherr persönlich zu, wir haben es schön warm. Ich merke, wie es draußen immer stärker weht, die Klappe oben im Zelt muß zugezogen werden, damit wir hier drinnen nicht einschneien.

Frühmorgens ist die Frau als erste draußen bei den Tieren. Mit verfrorenen Händen kommt sie wieder herein. Der Mann bereitet das Frühstück und murmelt dabei Gebete. Der erste Schluck von dem frisch bereiteten Tee wird auf den kleinen Hausaltar gestellt.

Um neun Uhr machen wir uns auf den Weg. Ich habe unserem Wirt Geld gegeben, was er sicherlich gut gebrauchen kann. Draußen hat es aufgeklart. Die Schuhe sind noch feucht von gestern. Über verharschten Schnee stapfen wir langsam immer höher, der Paß kann nicht mehr weit entfernt sein. Die Sonne schmilzt den Schnee fort, überall bilden sich kleine Rinnsale, so daß das Laufen ähnlich mühsam ist wie gestern. Schließlich erreichen wir den breit ausladenden Sattel des Mogun La. Ich lege einen Stein zu dem auf der Paßhöhe errichteten Lha-tse und laufe einmal darum herum.

Vor uns, nach Süden hin, eröffnet sich ein großartiger Ausblick. Der ganze Horizont wird begrenzt von einem gewaltigen Gebirgszug, aus dem einzelne vergletscherte Gipfel herausragen. Ich schätze, daß es bis dahin siebzig

Kilometer sind. Nach Norden hin, also auf uns zu gerichtet, fällt diese Bergkette steil ab. Dort unten muß, von hier aus nicht sichtbar, ein großes Tal von Ost nach West verlaufen – dieses Tal wollen wir erreichen.

Ich bin völlig überrascht, hier so hohe Berge zu finden. Sie sind wesentlich höher als die Berge südlich von Lhasa zwischen dem Kyi chu und dem Tsangpo und dürften in den Gipfeln 6200 Meter erreichen. Aus den mir bekannten Karten läßt sich nichts entnehmen. Genaue Karten von dieser Gegend sind militärisches Geheimnis.

In einer windgeschützten Mulde machen wir Rast. Ich habe noch ein paar der aus Armeebeständen stammenden Riegel, bestehend aus Milchpulver, Zucker und Keksen, bei mir. Dann ziehen wir weiter. Hier oben begegnen wir keinem Menschen. Nur die großen wohlgenährten schwanzlosen Trawa, eine Nagerart, beleben die versumpfte Landschaft. Manchmal treffen wir auf befestigte Wegabschnitte, dann verlieren wir uns wieder in sumpfigen Wiesen. Die Richtung ist klar: immer nach Süden, auf die entfernten Berge zu. Wir wollen versuchen, heute noch den Ort Dzinchi zu erreichen. Vom Mogun La bis dort dürften es fast vierzig Kilometer sein. Da heißt es sich sputen.

Je tiefer wir kommen, desto häufiger haben wir auch breitere Bäche zu überwinden. Mit ein bißchen Glück und Umsicht finden wir meistens eine Stelle, wo andere Wanderer bereits Steine in geeignetem Sprungabstand in die Fluten gelegt haben. Wenn man nur Mut hat und genügend Schwung, dann klappt das auch. Gelegentlich aber packt mich Verzagtheit. Jimpa ist dann immer da, mir zu helfen, indem er mir seinen Arm reicht oder seinen Stock.

Wir treffen jetzt auch wieder Menschen. Nach Dzinchi? Immer geradeaus, sagen sie, es sei nicht mehr weit.

Aber das ist freundlich untertrieben. Endlich taucht in einer engen Schlucht hinter einer Biegung unser Ziel auf. Dzinchi sieht eindrucksvoll aus von hier; hinten ragt eine stattliche Gompa auf. Die Brücke über den reißenden Fluß unterhalb des Dorfes ist zur Hälfte fortgeschwemmt, als Fußgänger gelangt man aber auf einem Balken noch ans andere Ufer.

Wir laufen zum Tempel in der Hoffnung, dort eine Unterkunft zu finden. Er wurde im zehnten Jahrhundert gegründet. Sein größtes Heiligtum ist eine Statue von Jampa, das ist der tibetische Name von Maitreya, dem Buddha der Zukunft. Der Tempel wird jedoch gerade restauriert. Ein paar eindrucksvolle Wandbilder aus alter Zeit sind noch erhalten. Giuseppe Tucci beschreibt den Ort in seinem Buch »To Lhasa and beyond«.

Wo sonst können wir denn übernachten? Jimpa spricht mehrere Dorfbewohner an, alle verhalten sich abweisend. Aber dann öffnet sich, wie durch ein Wunder, für uns doch noch das Tor eines stattlichen Hofes. Hinter den Mauern blühen die schönsten Cosmea und Dahlien. In der geheizten Küche bietet uns der Hausherr Tee an. Später bekommen wir warmen Reis gemischt mit gesottenen Kartoffeln – ein wahres Festmahl für mich. Die Nacht verbringen wir in dem gut eingerichteten Gästezimmer. Der Hausherr persönlich deckt uns warm zu. Die junge Frau hat ein einjähriges Kind, das sie in unserer Gegenwart stillt.

Als wir am nächsten Morgen losziehen, ist der Hausherr bereits auf dem Feld. Bis Oka Taktse sind es nur gut zwei Stunden. Schon von weitem erkennt man die stattliche Ruine der Zitadelle – Taktse auf tibetisch – des Ortes. Vor Jahrhunderten hat von hier aus ein kleiner Herrscher den Bezirk Oka regiert. Wir beziehen ein Zimmer im

**Getreidefelder bei Dzinchi in 4200 m Höhe**

Gästehaus. Die Einheimischen lassen mich keinen Augenblick allein. Ausländer sind hier noch eine große Seltenheit.

Hier haben wir das große, von Osten nach Westen sich erstreckende Tal vor dem hohen Gebirgszug erreicht, den ich gestern morgen schon vom Mogun La aus erblickte. Wir müssen das Tal in östlicher Richtung aufwärts gehen bis zu einem hohen Paß, den Gyelong La. Jenseits des Passes führt dann der Weg in südlicher Richtung zum Kloster Chökhorgyel. Dies ist auch die Route, die von den offiziellen Delegationen aus Lhasa benutzt wurde, die den Orakelsee besuchen wollten. Soweit ich weiß, kamen diese Delegationen nicht von Norden hierher, wie wir, sondern von Südwesten her das Tal aufwärts, das wir jetzt erreicht haben. So tat es auch Tucci im Jahre 1947. Und zwar waren sie von Lhasa über den Gokar La nach Samye gezogen, am Nordufer des Tsangpo gelegen. Von dort ging es dann, immer am Nordufer, flußabwärts, bis das von Nordosten einmündende Seitental erreicht war, in dessen mittlerem Teil wir uns jetzt befinden.

Nachmittags besuchen wir Cholung, in einiger Höhe an der südlichen Seite des Tals gelegen. Tsong Khapa hat sich dort in einer Höhle zur Meditation zurückgezogen, und aus jener Zeit stammen noch viele Reliquien. Cholung liegt an der Nordflanke eines der berühmtesten und höchsten Berge Zentraltibets, dem über 6000 Meter hohen Wode Gungyel (Wode Pugyel). Ich hatte ihn gestern vom Mogun La aus zum ersten Mal erblickt.

In der Küche werden uns Tee und Tsampa gereicht. Hier erfahren wir, daß ein Rinpoche heute nachmittag mit gehöriger Begleitung zu einer Pilgerfahrt zum Lhamo Latso aufbrechen wird. Morgen früh könnten wir uns ihm anschließen in dem Dorf, bis zu dem er heute noch gehen will. Das finde ich großartig, natürlich werden wir das machen.

Sodann werden wir in einen niedrigen, mit Holzsäulen abgestützten Raum geführt, an dessen Stirnwand sich verehrungswürdige Reliquien von Tsong Khapa befinden. Hier verrichten etwa ein halbes Dutzend Mönche ihre Gebetsübungen, indem sie sich pausenlos vor den heiligen Objekten niederwerfen. Der Fußboden besteht aus hellem, blankpoliertem Holz. Längs der Wand, wo die Exerzitien Treibenden sich aufstellen, haben die Füße im Laufe der Zeit Vertiefungen hinterlassen. Ich steige hinein und lasse mir zeigen, wie man die Übung zu vollziehen hat: Die Innenseiten der Hände werden über dem Kopf zusammengelegt und dann langsam an Stirn, Hals und Brust heruntergeführt. Mit Schwung läßt man sich dann mit den Knien auf die bereitgestellten Filzstücke fallen. Auch für die Hände stehen mit Schlaufen versehene Filze bereit, in die man schlüpft, und sich danach himmlisch bequem ganz auf dem glatten Boden austreckt. Mit dem richtigen Schwung geht dann auch das Wiederaufrichten wunderbar leicht. Die Mönche finden es schon ganz gut, wie ich es mache, und amüsieren sich. Ein paar Kleinigkeiten müßte ich aber wohl noch üben.

Es ist bemerkenswert, wie viele der verdienstvollen Übungen im Buddhismus mit körperlicher Tätigkeit verbunden sind: das Pilgern und das Umwandern heiliger Stätten, Prostrationen, beides auch kombiniert, das Inbewegungsetzen von langen Reihen von Gebetstrommeln und anderes mehr. Körperliche Übungen sind an sich schon nützlich. Hier aber dienen sie auch noch dazu, die Sinne empfänglich zu machen für Phänomene, die sich einer oberflächlichen Betrachtung entziehen.

Plötzlich heißt es: Rinpoche kommt. Jetzt werden die Exerzitien eifrig wiederaufgenommen, ich ziehe mich an den Rand des Geschehens zurück. Da tritt auch schon ein würdiger, wirklich alter Lama zur Tür herein, der Abt von Cholung. Rinpoche Lobsang Tondey ist sein Name, wobei Rinpoche der allgemeine Ehrentitel für hochgestellte Lamas und insbesondere für Tulkus ist. Er bedeutet soviel wie Edelgeboren, Juwel.

Ich werde ihm vorgestellt. Einer der zeitweiligen Gäste hier ist ein Geshe aus dem Kloster Drepung, ein sehr sympathischer Mann, der auch ein wenig Englisch spricht. Er fungiert als Dolmetscher. Ich trage stets das Buch von Keith Dowman bei mir. Jeder, der es in die Hand bekommt, blättert gerne darin herum, auch wenn er kein Wort Englisch versteht. Es enthält nämlich eine Reihe von Fotos. Vorhin in der Küche hatte sich ein Gelong, also ein ordinierter Mönch, auf einem Bild zusammen mit dem Abt und anderen Klosterbewohnern wiedererkannt. Damals war der Gelong noch ein Trapa, ein Mönchsschüler. Die Aufnahme muß etwa 1986 entstanden sein. Als ich dies Foto dem alten Herrn zeige, ist er sichtlich erfreut. Der Abt schlägt vor, an der gleichen Stelle jetzt wieder ein Foto zu machen.

Dann lädt er Jimpa und mich noch in sein Privatzimmer ein. Hier hat er sein Bett. Am Kopfende stehen verschiedene Medizinen und ein Transistorradio. Die Außenwand besteht nur aus Brettern, durch die Ritzen pfeift der Wind. Wir werden zu einem Diwan geleitet, ein Bediensteter bringt uns neben Tee und Gebäck auch einen Streifen geräucherten Käse. Ich weiß nicht, wie er hergestellt wird. Jedenfalls ist es ein etwa 5 Zentimeter breiter und 3 Millimeter dicker, langer zäher Streifen, von dem man sich Stücke abschneidet oder abreißt. Mit seinem rauchigen Geschmack erinnert er mich an den süditalienischen Scamorza-Käse.

Hier in Cholung haben die Sicherheitsbehörden bestimmt, daß nicht mehr als 14 Mönche aufgenommen werden dürfen. Die Mehrzahl von ihnen ist sehr alt, der Abt macht sich Sorgen um den Nachwuchs. Weil dies ein berühmter Ort ist, kommen aus allen Teilen Tibets Gastmönche hierher. Beim Abschied erteilt mir der Abt seinen Segen, ich weiß das zu schätzen.

Während Jimpa sich noch mit Landsleuten aus Amdo unterhält, verbringe ich eine Mußestunde neben dem stattlichen Chörten vor dem Kloster. Von hier hat man einen herrlichen Blick auf das von der Abendsonne beleuchtete Tal.

Am nächsten Morgen stehen wir schon um sechs Uhr auf, um rechtzeitig in dem Dorf zu sein, in dem Rinpoche übernachtet hat. Am Dorfeingang erwartet uns bereits der Trapa, der mit Rinpoche reist. Er führt uns zu dem stattlichen weißen Zelt, versehen mit blauen buddhistischen Ornamenten. Drinnen liest Rinpoche Gebete aus den vor ihm liegenden heiligen Schriften. Sie bestehen aus einer Sammlung loser, von einem Holzstock abgezogener Blätter von länglichem Format. Das hindert ihn nicht daran, uns hereinzuwinken. Eine der ihn begleitenden Nonnen, Ani auf tibetisch, bietet uns Tee an. Die Anis sind kahlgeschoren und tragen die üblichen unförmigen Mönchsgewänder, so daß es genaueren Hinsehens und Hinhörens bedarf, um sie als weibliche Wesen auszumachen. Zwei von ihnen sind noch ganz jung, die dritte etwas älter. Wenn sie sich ihren Chuba in der Taille gürtet, so läßt sich bei ihr ein Busen ahnen. Sie ist die einzige, die mir im Laufe unserer gemeinsamen Reise ganz unbefangen gegenübertritt.

**173**

Jetzt spendet Rinpoche den in das Zelt eintretenden Bewohnern seinen Segen. Die Kinder haben manchmal Angst. Die Eltern zerren sie dann nach vorne und drücken ihnen den Kopf auf die Brust. Jemand beklagt sich über körperliche Beschwerden. Rinpoche bläst ihn an, und der Leidende geht getröstet, wenn vielleicht auch nicht genesen, aus dem Zelt. Noch mehr Tee gefällig? Auch Tsampa? Die Dorfbewohner haben Rinpoche und seine vier Begleiter reichlich mit allem versorgt, wir profitieren davon.

Es wird Zeit, aufzubrechen. Rinpoche nimmt seine Sonnenbrille ab, auf dem Glas klebt das Schild des Designers, wie das gang und gäbe ist in China. Er erhebt sich, und es steht ein jugendlicher, großer, schlanker Mann vor mir mit freundlichen Augen und breitem Lächeln um den sinnlichen Mund, der mich noch einmal willkommen heißt. Seine Helfer räumen das Zelt aus: Die beiden Thangkas über dem Sitz von Rinpoche, die Heiligen Schriften, welche in gelbe Tücher sorgfältig eingewickelt werden, die Matten auf dem Fußboden und die Decken. Das Zelt von der Gestalt eines zweigiebeligen Hauses, in dessen Mitte man gut stehen kann, wird abgebaut. Zeltstangen und Zeltpflöcke bleiben hier, sie müssen jedes Mal vor Ort neu beschafft werden. Alles wird auf hölzerne Tragegestelle verpackt. Kochutensilien und Lebensmittel gehören auch dazu. Schließlich sind die Lasten fertig. Die drei Anis und der Trapa tragen jeder sicherlich siebzig Kilo, während Rinpoche nur die Thangkas, die heiligen Schriften und ein paar persönliche Dinge trägt, was zusammen nicht mehr wiegt als der Rucksack von Jimpa oder von mir.

Ich habe meinen bewährten Pilgerstab dabei. Auf Geheiß des Rinpoche suchen sich die anderen aus dem von den Dörflern als Brennholz herangeschaffften Gestrüpp ebenfalls halbwegs geeignete Stöcke. Mit wallendem Gewand, einen breitkrempigen Filzhut auf dem Kopf, geht Rinpoche unserer kleinen Karawane voran, allerseits respektvoll verabschiedet von den Einheimischen.

Es ist noch gar nicht spät, da beziehen wir direkt neben dem Zelt eines Drokpa, eines Nomaden, unser Nachtquartier. Eifrig bringen die Leute Zeltstangen und -pflöcke herbei und füllen unsere Becher mit Buttertee. Die Anis bauen innen an der Hinterseite des Zeltes den erhöhten Sitz des Rinpoche auf. Darüber wird ein Thangka aufgehängt, und schon werden die ersten Gebete gelesen. Jimpa und mir wird eine Ecke im Zelt zugewiesen.

Nach dem Essen, es ist schon dunkel geworden, beginnt Rinpoche auf seinem Thron mit einer großartigen Zeremonie, wie ich sie noch nie erlebt habe. Ich kauere ganz in der hintersten Ecke des Zeltes. Vorne am Eingang drängen sich die Nomaden aus der Nachbarschaft, bei denen sich der hohe Besuch herumgesprochen hat. In wunderbar modulierendem Tonfall, gelegentlich die Stimme gänzlich verändernd, mit exquisiten Bewegungen der Hände, rezitiert Rinpoche pausenlos Texte. Manchmal unterstreicht er sie mit einer Drilbu, einer Glocke, in der linken Hand. In der Rechten hält er einen Dorje, einen stilisierten Donnerkeil. Dann wieder begleitet er seinen Singsang mit dem Damaru, einer Art Tamburin. Er faßt ihn mit Daumen und Zeigefinger an der eingelassenen Rille zwischen den Trommelhäuten und dreht dabei die Hand. Dabei schlagen zwei kleine, an Schnüren befestigte Bälle auf die Häute. Schließlich benutzt er noch ein kleines Blechblasinstrument.

Unser Rinpoche gehört zur Kagyü-Schule, genauer,

zu deren Taklung-Zweig. Für diese spielen tantrische Exerzitien eine wichtige Rolle. Dichte Weihrauchschwaden ziehen durch das Zelt, ein fernes Wetterleuchten zeichnet seine Spuren auf die Zeltwände.

Die Energie des Rinpoche erscheint unerschöpflich. Nach einer Stunde klingt seine Stimme noch so kräftig wie zu Beginn. Mich übermannt bereits die Müdigkeit, ich nicke manchmal ein. Erst nach zwei Stunden ist die Zeremonie beendet. Was Rinpoche hier geleistet hat, ist sicherlich nicht geringer als die Leistung eines Wagnersängers in Bayreuth.

Die Gäste haben sich entfernt, die Spannung ist gewichen. Beim späten Nachtessen sind alle übermütiger Stimmung und spielen mit einem der von mir mitgebrachten Luftballons.

Liebevoll helfen die Anis ihrem Guru beim Auskleiden. Als sie ihn dann gut und warm zudecken, bin ich schon fast eingeschlafen.

Der Aufbruch am nächsten Morgen vollzieht sich gemächlich. Die Drokpas beschenken uns mit Butter und Käse sowie – eine besondere Delikatesse in dieser Höhe – mit kleinen Rettichen, die roh oder gekocht genossen werden. Für heute miete ich ein Pferd, das die Lasten tragen soll. Es kostet mich umgerechnet fünf Mark. Dem Tier werden die schwersten Gepäckstücke aufgebürdet. Dafür trägt Tendé Sampé, der kleine Trapa, meinen Rucksack. Bevor wir weiterziehen, hat der Yakhirte in einigem Abstand um sein Zelt herum drei große Weihrauchfeuer entzündet. Währenddessen steht Rinpoche auf einem kleinen Hügel neben dem Zelt und spendet Menschen, Tieren und Weiden seinen Segen. Dazu verteilt er aus einer Art überdimensionalem Tintenfaß mit einem Büschel zusammengebundener Federn eine geweihte Flüssigkeit in alle Himmelsrichtungen. Ein leichter Wind verleiht seinem langen Gewand einen effektvollen Schwung. Es sieht großartig aus, ein Bild aus archaischen Zeiten, als Priester noch die Welt regierten.

Außer Dienst ist Rinpoche ein ganz normaler junger Mann, zu Späßen und Albernheiten aufgelegt. Obgleich wir heute ein Pferd als Tragtier bei uns haben, geht es doch nur langsam voran. Für das Nachtlager sind wir wegen der Zeltstangen wieder auf die Hilfe von Drokpas angewiesen. Daher müssen wir auf dieser Seite des Gyelong La bleiben und dürfen auch nicht so hoch hinauf laufen, da es dort keine Yakhirten mehr gibt. Unterwegs sehen wir auf der anderen Talseite eine riesige Herde von Na, was ich mit dem Wort Blauschafe übersetzt gesehen habe. Die neugierigen Trawa finden sich überall, ebenso enorm große Hasen.

Auch hier besitzen die Nomaden noch schöne Pferde – sie sind das beste Mittel, um in dieser Gegend schnell und bequem voranzukommen. Auf unserem Weg treffen wir wiederum auf befestigte Abschnitte, die noch aus der Zeit herrühren, als man hier die offiziellen Delegationen aus Lhasa auf ihrem Wege zum Lhamo Latso erwartete. Das ist schon fast sechzig Jahre her. Auf solchen Abschnitten sind in etwa drei Metern Breite flache Steine ausgelegt, nicht dicht an dicht, sondern mit viel Platz dazwischen. Jetzt, in der Regenzeit, steht zwischen ihnen das Wasser. Da ich trockenen Fußes von Stein zu Stein hüpfen kann, komme ich mir vor, als könne ich auf Wasser wandeln. Und noch ein Gedanke kommt mir: Ein wenig erinnert dieser alte Zeremonialweg an die Via Appia Antica, im Süden von Rom, wo das alte Pflaster noch zutage tritt.

Unser heutiger Lagerplatz gibt den Blick frei auf einen

gewaltigen vergletscherten Berg. Jalu Ossi habe ich als Namen notiert. Er erinnert mich an den Kailas von der Nordseite aus gesehen. Eine eigentümliche Felsformation erweckt den Anschein, als würde die Gipfelpyramide auf einem liegenden Halbmond ruhen. Diesen Berg glaube ich schon vom Mogun La aus gesehen zu haben.

Gegen Abend beginnt es zu regnen. Um nicht zu frieren, muß ich mir beim Schlafengehen alles anziehen, was ich an warmen Sachen mit mir führe. Rinpoche schenkt mir ein Amateurfoto von sich und einen kleinen Türkis. Auf die Rückseite des Fotos schreibt er auf tibetisch seinen Namen. Umgeschrieben lautet er: Chogtail Ngawang Tenzin Choephel. Das deutet darauf hin, daß er ein Tulku ist, also eine Reinkarnation. Den Türkis knüpfe ich an den roten Wollfaden, den ich seit meinem Besuch in Tsurphu um den Hals trage. Ehe Rinpoche mit seinen abendlichen Gebetszeremonien zum Ende gekommen ist, bin ich schon eingeschlafen.

Die Anis stehen immer als erste auf und beginnen den Tag damit, sich vor Rinpoches Ruhelager auf den Boden zu werfen. Heute ist Rinpoche krank. Er klagt über Schmerzen in der Brust. Hoffentlich leidet er nicht unter der Höhenkrankheit. Und dann schmerzen ihm die Augen. Das, so glaube ich, liegt daran, daß er immer ohne Sonnenbrille gelaufen ist. Dabei besitzt er ja eine, er trug sie am ersten Morgen im Zelt bei den Gebetszeremonien.

Ich beruhige ihn, das mit den Augen sei zwar lästig, aber nicht schlimm, er solle künftig immer seine Brille tragen. Gegen seine Brustschmerzen verabreiche ich ihm zwei Spalttabletten. Schon der Umstand, daß die Medizin aus Deutschland kommt, sollte Wirkung zeigen. Er nimmt sie dankbar entgegen. Wenn es nur keine Höhenkrankheit ist!

Am nächsten Morgen ist Rinpoche wieder gesund. Er hat gestern die meiste Zeit nebenan im warmen Zelt der Yakhirten verbracht, was ihm sichtlich gut getan hat. Für den bevorstehenden Marsch über den Gyelong La, dessen Höhe mein Buch mit 5600 Metern angibt, hat ein Nomade sein Pferd als Lasttier zur Verfügung gestellt. Jenseits des Passes soll es dann zurückkehren.

Unser Weg führt an einem Abdruck des Fußes von Tsong Khapa vorbei, dem wir unseren Respekt erweisen. In der Nähe entdeckt Rinpoche seltene Medizinpflanzen, die eifrig gesammelt werden. Der Junge, der das Lastpferd führt, sagt, rechts hinter den Vorbergen befände sich ein heiliger See. Er ist der Göttin Drölma geweiht, Tara auf Sanskrit. Er wird von einem riesigen Gletscher gespeist. Dahinter beginnt der letzte Anstieg zum Gyelong La.

Die anderen machen einen Umweg, ich beginne schon mit dem Aufstieg zur Paßhöhe. Das braucht seine Zeit, aber auf die bewährte stetige Art bin ich dann als erster bei dem riesigen Lha-tse, der den Gyelong La bezeichnet. Das Ende der Gletscherzunge liegt deutlich tiefer. Der Paß hier ist sicherlich von beträchtlicher Höhe. Ob es aber 5600 Meter sind? Wie oft bei einem Paßübergang, sieht es auf der anderen Seite völlig anders aus als auf der Seite, von der ich gekommen bin: keine Spuren mehr von Grün, nur riesige Schuttfelder. Bis zum Tagesziel, Chökhorgyel, ist es noch weit.

Nach einer Weile überholen mich die anderen. Ich treffe sie wieder, als sie dabei sind, sich Tee zu kochen. Bis hierher geht auch das Pferd. Ich laufe mit meinem Rucksack weiter. Jimpa begleitet mich. In der Ferne taucht ein eigentümlich rot gefärbter Berg auf. Zu seinen Füßen müßte Chökhorgyel liegen. Es geht zwar immer leicht

**Die zyklopischen Mauern des Klosters Chökhorgyel**

bergab, dennoch läuft es sich mühsam wegen des vielen Wassers. Zu essen haben wir nichts, aber es gibt eiskaltes Quellwasser zu trinken. Einmal begegnet uns eine Gruppe von Männern, Frauen und Kindern auf geschmückten Pferden. Sie sind zu einem dem Dalai Lama geweihten See unterwegs; hier gibt es überall Seen.

Schließlich erreichen wir Chökhorgyel. Es liegt in einer Talweitung, dort, wo der von Norden, vom Gyelong La herkommende Fluß, dem wir zuletzt auf dem rechten Ufer gefolgt sind, einen von Westen her kommenden Fluß aufnimmt. Ein weiterer Fluß mündet hier auch noch von Osten her ein. Kein Zweifel, dies ist ein geomantisch ausgezeichneter Ort.

Vom Kloster sieht man zunächst nur die gewaltigen Mauern, die noch durch Bastionen verstärkt werden. Das Gelände schreibt einen trapezförmigen Grundriß vor, jede Seite hat ein stattliches Tor. So stelle ich mir das alte Troja vor.

Während die Umfassungsmauern noch in recht gutem Zustand sind, finden sich im Innern nur noch Ruinen, zwischen denen das Vieh weidet. Erst ein einziger Tempel und eine Unterkunft für ein paar Mönche sind notdürftig wiederhergestellt. Im Tempel zeigt man einen großen ausgehöhlten Fuß aus Messing.

Nahe der südlichen Umfassungsmauer findet sich eines der genormten Rasthäuser: ein quadratischer Hof, an drei Seiten von einstöckigen Räumen umgeben, während auf der vierten Seite eine Mauer gezogen ist mit einem Tor, das nachts verschlossen wird. Wir beziehen eines der ziemlich heruntergekommenen Zimmer. Ein anderes Zimmer dient als Laden, wo man Schnellnudeln kaufen kann und Bonbons und Bier. Zu hungern brauchen wir also nicht mehr.

Schon gestern abend begann ein heftiger Regen, der die ganze Nacht andauerte. Heute morgen hat es jedoch aufgeklart, so daß wir uns auf den Weg zum Orakelsee machen wollen. Man könnte dafür auch ein Pferd mieten, erzählt mir Jimpa. Wenn ich jedoch lieber zu Fuß gehen wolle, so würde er das auch tun, fügt er resigniert hinzu. Natürlich will ich zu Fuß gehen! Und wenn ich es heute nicht schaffen sollte, dann kann ich es ja morgen noch einmal versuchen.

Der Weg führt zunächst das Tal des von Osten einmündenden Flusses hinauf. Er ist breit und bequem angelegt, beinahe wie in einem renommierten Kurort in der Schweiz. Hier sind schon häufiger Leute gegangen, man sieht es an den Abfällen, die herumliegen: leere Aluminiumdosen, Scherben von Bierflaschen, Plastiktüten, Zigarettenreste. Viel ist es nicht, aber es fällt doch auf, da es dies auf unserem bisherigen Weg nicht gab. Hier gehen eben nicht nur bescheidene, aus dem Norden kommende Pilger, sondern auch mit Fahrzeugen aus dem Süden angereiste Touristen.

Unter uns, auf der anderen Flußseite, erkennen wir das weiß-blaue Zelt von Rinpoche. Alles ist noch ruhig dort.

Zu unserer Rechten liegt der rote Berg. Nach einiger Zeit sind längs des Weges zahlreiche Steinmale aufgestellt. Wir biegen nach links, nach Norden, ab und überqueren den Fluß. Jetzt ist es vorbei mit der Schweizer Idylle. Wasserläufe und versumpfte Wiesen müssen überwunden werden, dann wieder ein Steilstück. Linker Hand liegt ein kleiner See. Am meisten wird die Aufmerksamkeit jedoch gefesselt von der drohend schwarzen Wand am Ende des Tals. Schon aus der Ferne fällt sie auf. Man könnte an eine riesige Staumauer denken, die die Lücke zwischen zwei Bergen schließt. Eher noch an einen gewaltigen dunklen Vorhang, der hier ausgespannt ist und irgend etwas verbirgt. Es gibt moderne Künstler, die die Natur mit Tüchern und Vorhängen dekorieren, Christo etwa. Aber dies hier ist zu gewaltig für Menschenhand, hier waren übermenschliche Kräfte am Werk.

Bald umgibt mich nur noch eine leblose Geröllwüste. Der Pfad ist kaum noch zu erkennen, er verzweigt sich immer weiter. An der Oberkante der Mauer werden Gebetswimpel sichtbar. Mühsam, auf allen vieren, geht es die aus flachen Quadern aufgeschichtete Wand empor. Plötzlich hört sie auf, ich stehe oben auf einem schmalen Grat. Was ich von hier aus erblicke, ist so unerwartet, so unheimlich, daß es mich erschreckt.

Eben noch befand ich mich in einer trostlosen Steinwüste. Jetzt erstreckt sich zu meinen Füßen ein weites, leicht begrüntes Tal. Unter mir windet sich ein schmaler Bach, der in den im hinteren Teil des Tales gelegenen See mündet. Dieser See füllt fast die gesamte Breite des Tals aus. Es ist der berühmte Orakelsee. An seinem fernen Ende erheben sich schneebedeckte Bergriesen.

Geradezu unheimlich empfinde ich dieses Tal, das, so vertraut es in allen Einzelheiten ist, doch ganz ohne Leben zu sein scheint. Mir ist, als würde ich einen Blick in eine Welt werfen, die noch in der Zukunft liegt, die schon alles bereithält, was das Leben braucht, die aber noch darauf wartet, daß es auch wirklich einzieht. Ein solcher Blick in die Zukunft ist einem Sterblichen eigentlich verwehrt. Was ich hier mache, grenzt an Frevel, ich fürchte die Strafe. Allmählich fasse ich mich. Jimpa kommt herüber und reicht mir einen Khatag. Ich lege ihn auf den neben mir stehenden Thron des Dalai Lama. Es ist ein gewaltiger, aus Steinen errichteter Sessel, der auf das Tal blickt. Er ist be-

**Blick vom mit Gebetswimpeln geschmückten Thron
des Dalai Lama in das Tal des Orakelsees Lhamo Latso**

reits über und über geschmückt mit Khatags und Lungtas, den weißen Schleiern und den bunten Gebetswimpeln.

Wir sind heute die einzigen Pilger hier oben. Als wir von Chökhorgyel loszogen, begleitete uns noch ein stattlicher Khampa in seiner farbenprächtigen Tracht. Es ging ihm dann aber nicht schnell genug, und er lief voraus. Wir sind ihm nicht mehr begegnet. Geübte Leute brauchen drei Stunden von Chökhorgyel bis hierher. Ich habe dafür vier Stunden benötigt, auch eine gute Zeit.

Der Himmel ist gleichmäßig grau, und so erscheint die Oberfläche des Sees wie poliertes Zinn. Tot liegt er da, nichts bewegt sich. Mir hat er offenbar nichts zu verkünden, was ja auch sein Gutes hat. Wir verbringen etwa eine Stunde hier oben. Jimpa rezitiert die ganze Zeit Gebete. Mein Vorrat daran ist schon längst erschöpft. Es wäre wohl möglich, zum See hinabzusteigen. Aber für mich kommt das nicht in Frage. Ganz abgesehen davon, daß ich ziemlich erschöpft bin, ich will nun nicht auch noch verbotenes Land betreten.

Auf dem Rückweg stärken wir uns bei einem Drokpa. Jimpa hatte heute noch nichts gegessen; ein Mönch soll nüchtern sein, wenn er den Lhamo Latso besucht. Als wir in der Höhe des Zeltes des Rinpoche sind, rufe ich ihn an. Er winkt uns zu. Nach einer gewagten Flußüberquerung erreichen wir sein Zelt. Er freut sich sichtlich und bewirtet uns mit Trockenfleisch. An der Schulter hat er Insektenstiche. Ob ich nicht ein Mittel dagegen wüßte? Ja, ich habe da etwas in meinem Gepäck. Tendé Sampé kann ja mitkommen mit uns und ihm mein Medikament bringen.

Dann verabschieden wir uns. Er hat großen Eindruck auf mich gemacht und meine Pilgerfahrt zum Lhamo Latso bereichert. Ich empfange seinen Segen zusammen mit jungenhaft hervorgebrachten guten Wünschen. Ein letztes Winken, dann steige ich über die Böschung zum Fluß hinunter, und er entschwindet meinen Blicken.

Auf dem Weg zum Gästehaus geht Tendé Sampé neben mir und streichelt die Haare auf meinem entblößten Unterarm. Plötzlich packt er meine Hand und läßt sie nicht mehr los. Was wohl in ihm vorgeht? Ich frage ihn nach seinem Alter. Sechzehn ist er, ich hätte ihn für jünger geschätzt. Seine Hand ist kräftig, er hat ja auch schon gewaltige Lasten geschleppt. Ich gebe ihm die Creme für Rinpoche und schenke ihm ein paar Kleinigkeiten aus meinem Rucksack. Er hat es nicht eilig, zu seinem Meister zurückzukehren, der läuft ihm ja auch nicht weg. Wir dagegen werden uns nicht wiedersehen.

Heute habe ich das Ziel meiner Pilgerreise erreicht. Was folgt, kann nur noch eine Art Abgesang sein. Draußen an der Mauer steht ein Lastwagen. Morgen soll er nach Süden zum Tal des Tsangpo fahren, vielleicht kann er uns ja mitnehmen.

Nachts ging ein schweres Gewitter nieder, heute morgen liegt Schnee. Es ist zu gefährlich, mit dem Auto zu fahren. Morgen bessert sich das Wetter ja vielleicht.

Als ich am Nachmittag in der Sonne auf dem Hof sitze, kann ich beobachten, wie ein Schaf geschlachtet wird. Die Tiere sind hier ziemlich groß. Drei Männer arbeiten daran: dem Schaf wird das Maul fest zugebunden, man legt es gewaltsam auf den Rücken. Die Halsschlagader wird abgedrückt, um die Blutzirkulation zu reduzieren. Dann wird mit einem großen Messer das Herz herausgeschnitten. Man will erreichen, daß das Blut im Körper bleibt, das soll die Qualität des Fleisches verbessern. Ich kann die Einzelheiten nicht alle verfolgen, da ich etwas entfernt sitze. Jedenfalls verläuft alles schweigend, kein

Laut ist zu hören, nur die Zuckungen des Tieres sind zu beobachten. Am Schluß liegt das abgezogene Fell auf dem Hof, an einem Balken hängt der Kadaver, kein Tropfen Blut ist zu sehen. Die Innereien werden im Fluß ausgewaschen. Scharen von großen Rabenvögeln delektieren sich daran. Jimpa ist währenddessen in den Tempel geeilt, um zu beten, ein kurzes Gebet für das La des Tieres, bevor man ihm das Herz nimmt.

In der Abendsonne mache ich noch einen Spaziergang zur östlichen Seite des Tales. Dort finden sich, nicht weit von dem Weg zum Lhamo Latso entfernt, am Berghang die Ruinen eines stattlichen Klosters. Während Chökhorgyel den Gelugpa gehörte, hatten hier die drei unter dem Namen Rotmützen zusammengefaßten Schulen, die Nyingma, Sakya und Kagyü, ihre Bleibe. Der Name des Klosters ist aus den Anfangssilben der Schulen gebildet: Nyingsaka.

Als ich die Ruine umwandere, erkenne ich von der Schmalseite aus, daß auf dem höchsten Gebäude am Dachfirst ein Holzkreuz angebracht ist. Ecclesia triumphans? Aber warum ist das Kreuz dann nicht deutlich sichtbar zur Schauseite hin gerichtet? Vor allem aber, welcher fanatische Christ würde auf die Idee kommen, in dieser weltabgeschiedenen Gegend ein Kreuz aufzurichten? Am wahrscheinlichsten erscheint mir noch, daß dies einen Vermessungspunkt markiert. Immerhin hat man von hier aus, und nicht etwa schon unten vom Talboden aus, einen Ausblick auf einen vergletscherten Bergriesen im Norden, in der Nähe des Gyelong La. Von dort bin ich vor zwei Tagen heruntergelaufen. Wie fern das nun schon ist. Mit einem letzten Blick nehme ich Abschied von meinem Pilgerweg.

Am nächsten Morgen ist unmittelbar vor unserer Tür

ein Schaf angebunden. In seiner Angst hat es sich an den Hörnern schon blutig gescheuert. Kurz darauf wird es lautlos geschlachtet.

Der außen an der Mauer stehende Lastwagen wird beladen. Dazu sind zwei blankgeschälte Holzstämme von innen an die Mauerkrone gelegt, auf denen leere Ölfässer hinaufgerollt werden. Die ersten Passagiere nehmen den gleichen Weg. In ihren leichten Turnschuhen mit Gummisohlen klettern sie dort wie die Affen hinauf. Abgesehen von ein paar Astknubbeln gibt es keinen Halt. Ich lasse mich törichterweise überreden, es auch zu versuchen. Aber es mißlingt kläglich. Mit meinem Rucksack und dem groben Profil meiner Bergschuhe rutsche ich oben an der Mauerkante ab und stürze in den Hof. Dabei reiße ich mir das linke Schienbein an den Steinen der Mauerabdeckung auf. Nur dem Umstand, daß ich eine dicke Unterhose trage, ist es zu verdanken, daß ich gleich wieder aufstehen und weitergehen kann. Die tiefe Wunde blutet zwar heftig, schmerzt aber kaum. Bis zum Ende meiner Tage wird mir eine große Narbe bleiben.

Ich steige dann ohne Schwierigkeiten von draußen über das Rad auf. Auf der Plattform liegt aller möglicher Kram durcheinander. Der Bompo des Tals, Bompo ist der Name für einen von der Regierung eingesetzten Ortsvorsteher oder Landrat, der hier zu Besuch war, fährt im Führerhaus mit. Zum Abschied werden ihm Khatags überreicht.

Mit dem Laufen ist es nun vorbei. Es wäre sicherlich schön gewesen, die etwa fünfzig Kilometer bis zum Tal des Tsangpo zu Fuß zu gehen. Ob es bei diesem Wetter allerdings möglich gewesen wäre, kann ich nicht sagen. Vom Lastwagen aus jedenfalls scheint das ausgeschlossen zu sein, immer wieder müssen wir größere Bäche durchfahren. Zu Fuß hätte man vielleicht irgendwo einen Übergang gefunden. Aber jetzt, mit meinem lädierten Bein, sind dies müßige Spekulationen.

Nach einer halsbrecherischen Fahrt erreichen wir das erste Dorf, Tsegyu. Ein Teil der Ladung bleibt hier, Neues kommt hinzu. Der Bompo wird von den Bewohnern ehrfurchtsvoll begrüßt und mit Tee und Essen versorgt. Ich steige ebenfalls ab und reinige an einer in der Nähe befindlichen Quelle meine Hosen. Die Wunde blutet nur noch schwach, ich habe keine Schmerzen. Um mich scharen sich Kinder, die ich mit Bonbons versorge. Viele sehen nicht gesund aus, ich gebe ihnen etwas von meinem Öl für ihre rissige Haut. Da kommen auch schon Frauen, die mir ihre Beschwerden klagen. Ich verteile Tabletten, sie richten bestimmt keinen Schaden an. Dann entdeckt jemand meinen Pilgerführer von Keith Dowman. Vorne auf dem Umschlag trägt er ein buntes Bild des Guru Rinpoche. Einer nach dem anderen tritt vor mich hin und beugt sein Haupt, damit ich das Bild an seinen Scheitel führe und auf diese Weise Segen spende. So bin ich Medizinmann und Priester, bis es weitergeht.

Das Tal ist tief eingeschnitten. Am Wegrand tauchen niedrige Wacholderbüsche auf. Je tiefer wir kommen, desto größer werden sie. Unter sie mischen sich Pappeln, Weiden, wilde Kirschen, Birken, Lärchen, Rhododendren, wilde Aprikosen und schließlich Walnußbäume. Nie zuvor habe ich in Tibet eine derart vielfältige Vegetation zu Gesicht bekommen.

Wir haben hier den Tsangpo erreicht. Bei einem schweren Gewitter fahren wir am Fluß entlang zu einer schmalen Brücke. Sie ist für Lastwagen nicht passierbar, alles muß abgeladen und ans andere Ufer getragen werden. Ein Polizist fragt mich nach meinen Ausweisen. Ich habe nichts zu befürchten, alles ist in Ordnung. Dies hier ist das einzige Mal, daß ich von einem Uniformierten kontrolliert werde. Ich hatte vorher schon gelegentlich ungefragt meinen Permiß hervorgeholt, wo er dann interessiert und kopfnickend beguckt wurde. Überall gibt es ja Tibeter, die für die Sicherheitsbehörden tätig sind. So habe ich eventuellem Mißtrauen vorgebeugt.

Erst am übernächsten Tag erreichen wir auf einem Lastwagen Tsetang. Von Tsetang kehren wir dann mit einem Linienbus nach Lhasa, dem Ausgangspunkt unserer Pilgerreise, zurück. Auf der Fahrt grüßen für ein paar Augenblicke die goldenen Dächer von Samye herüber.

Mir behagt die Vorstellung, daß ich in den vergangenen vierzehn Tagen ein riesiges Khor-wa, eine rituelle Umwandlung, um einige der größten Heiligtümer Zentraltibets vollzogen habe.

# Ein Abschied von Tibet

September 1994. Morgen in aller Frühe werde ich zum Flughafen fahren, von wo es dann über Chengdu und Peking nach Hause geht. Bisher war mir der Abschied immer leichtgefallen. Ich hatte viel gesehen und manches Abenteuer bestanden und meinte, nun hätte Tibet mir nichts mehr zu bieten. Diesmal ist es jedoch anders.

Es begann damit, daß ich auf der Straße von einem distinguiert aussehenden älteren Tibeter angesprochen werde, der an einem Verkaufskiosk ein Gläschen Chang trinkt. Beim Gespräch stellt sich heraus, daß ich Phungyal vor mir habe, einen Sproß der berühmten Adelsfamilie Tsarong. Wie es bei Adligen üblich war, wurde der Junge auf eine Eliteschule nach Indien geschickt. Sein Großvater, Tsarong I., war das einflußreichste Mitglied des Kashag, des Kabinetts der tibetischen Regierung. 1911 wurde er auf den Stufen des Potala von Nationalisten ermordet, die ihm Kollaboration mit den chinesischen Besatzungstruppen vorwarfen, während der 13. Dalai Lama nach Indien geflohen war.

Sein Adoptivsohn, Tsarong II., wurde als Günstling des 13. Dalai Lama einer der reichsten und berühmtesten Männer Tibets. Er heiratete drei der zahlreichen Töchter von Tsarong I. Phungyal, geboren 1939, ist das jüngste Kind aus der zweiten dieser Ehen. Die dritte Schwester, Rinchen Dolma, ging ihre zweite Ehe mit einem sikkimesischen Prinzen aus der Taring-Familie ein. In ihrem Buch »Daughter of Tibet« zeichnet sie ein faszinierendes Bild von dem Leben in Lhasa vor 1959. Als Peter Aufschnaiter und Heinrich Harrer im Januar 1946 in Lhasa eintreffen, gewährt Tsarong II. den beiden Flüchtlingen in seinem Haus Unterkunft. Phungyal erinnert sich noch daran, als Junge die beiden Ausländer im Hause seines Vaters getroffen zu haben.

Nach dem gescheiterten Aufstand der Tibeter im März 1959 und der Flucht des 14. Dalai Lama nach Indien wurde Phungyal beschuldigt, einer der Rädelsführer gewesen zu sein. Er mußte zwanzig Jahre in Gefängnissen und Arbeitslagern verbringen, ehe er rehabilitiert wurde. Jetzt bezieht er als Mitglied eines politischen Beratungskomitees eine Pension. Diese Mitgliedschaft bedeutet jedoch nur, daß er Gehalt und Wohnung erhält. Grundsätzlich hat er auch Anspruch auf Rückgabe des Tsarong-Hauses in Lhasa. Bislang wird das Gebäude jedoch immer noch von der Armee genutzt.

Fast alle seine Verwandten leben im Exil und sind dort in führende Stellungen aufgestiegen. Er selbst hat nach seiner Freilassung eine Bauerntochter geheiratet. Die beiden Söhne gehen in Indien bei den Exiltibetern zur Schule.

Hier, in seiner Heimat, macht er sich nützlich, indem er einen privaten Kindergarten und eine Abendschule für Englisch eingerichtet hat. Dafür mietet er das Untergeschoß eines stattlichen Hauses an der Straße vom Barkhor zur Moschee. Über dem Eingangstor hängt ein Hinweisschild in englischer Sprache. Er lädt mich ein, ihn dort zu besuchen.

Als ich mittags durch das Hoftor trete, sehe ich Phungyal umringt von einer Schar tibetischer Kinder, die ihm ihre Schreibtafeln zeigen, damit er sie korrigiere. Er stellt mir seine beiden Helfer vor, die bildhübsche zierliche Longdhun Nordon und Tsering Phuntsok, einen gut englisch sprechenden jungen Mann.

Im alten Tibet wurde eine Familie, in der die Reinkarnation eines verstorbenen Dalai Lama entdeckt wurde, in den Adelsstand erhoben. Sie erhielt in Lhasa ein stattliches Haus und in der Umgebung Ländereien. Die auf diese Weise gegründeten Häuser wurden – auch im übertragenen Sinne – Yabshi genannt. So heißt das Haus des zwölften Dalai Lama Yabshi Phunkang. Es steht heute noch und liegt gegenüber dem Yak Hotel. Yabshi Longdhun ist das Haus des 13. Dalai Lama. Nordon gehört über ihre Mutter zur Urenkelgeneration dieser Familie. Ihr Vater, der von ihrer Mutter geschieden ist, stammt aus der Taring-Familie. Er gehört zum Präsidium des Tibet Development Fund, einer Organisation, der auch im Exil lebende Tibeter angehören. Phuntsok ist Malergeselle. Seine Spezialität sind die farbenprächtigen tibetischen Ornamente auf Balken und Wänden.

In der Volksrepublik China werden seit kurzem Gebühren für den Besuch von Erziehungseinrichtungen sowie für ärztliche Versorgung verlangt unter dem Motto: Erziehung zur Selbstverantwortung. Für die meisten tibetischen Familien ist ein Platz in einem staatlichen Kindergarten unerschwinglich. Phungyal begnügt sich mit zwanzig Yuan im Monat. Damit werden gerade die Kosten für die angemieteten Räume gedeckt. Die Kinder lernen hier tibetisch lesen, schreiben und das kleine Einmaleins.

Wenn Tibeter es einmal wagen, sich offen gegenüber einem Fremden über ihre Lage zu äußern, dann ist man erschüttert über ihre Verzweiflung. Manchmal möchten sie in ihrer Wut auf die Chinesen zu den Waffen greifen. In anderen Momenten klammern sie sich an den Glauben, daß der Dalai Lama ein Wunder bewirken könne. Ich persönlich bezweifle, daß das eine oder das andere eine Wende herbeiführen könnte. Ich versuche dann,

Vorschläge zu machen, was die Tibeter tun könnten, um ihre Lage zu verbessern. Die einzige Chance für ein friedliches Nebeneinander sehe ich darin, daß beide Völker lernen, sich in ihrer Verschiedenheit gegenseitig zu respektieren.

Das großartige Lehrgebäude des tibetischen Buddhismus nötigt den Chinesen keinen Respekt ab, in China spielt seit jeher Metaphysik kaum eine Rolle. Etwas anderes wäre es, wenn die Tibeter den Chinesen zeigen könnten, daß auch sie in der Lage sind, an führender Stelle an der Gestaltung der modernen Gesellschaft mitzuwirken. Das könnte die Chinesen beeindrucken. Der Schlüssel hierzu liegt in einer guten Ausbildung. Damit würde zugleich das Selbstvertrauen der Tibeter gestärkt, welches sie in ihrer schwierigen Lage so dringend benötigen.

Da das Ausbildungssystem ganz auf die chinesische Gesellschaft ausgerichtet ist, haben es die Tibeter schwerer als die Chinesen, Karriere zu machen. Es gibt eine spezielle Art der Begabtenförderung: Man schickt die Kinder auf Staatskosten ins eigentliche China, wo sie eine gute Schule besuchen. Ich entsinne mich, wie ich auf dem Flughafen von Lhasa Scharen von mit weißen Abschieds-Khatags geschmückten Jungen und Mädchen sah, die auf ihren Flug nach Chengdu warteten. Sie erinnerten mich an Schafe, die zur Schlachtbank geführt werden. Jahrelang sind sie von ihren Eltern getrennt. Nach Abschluß der Schule können die Tüchtigsten unter ihnen in China auch noch studieren. So sind die jungen Tibeter in den entscheidenden Jahren ihrer Entwicklung gänzlich chinesischen Einflüssen ausgesetzt. Die Regierung hofft, daß sie dadurch zu überzeugten Anhängern einer Integration ihrer Heimat in das Mutterland China werden.

**Die heiligen Schriften des Buddhismus, von Holzstöcken abgezogen, auf einem Verkaufsstand am Barkhor**

An meinem letzten Abend in Lhasa bekomme ich von meinen neuen Freunden rührende Abschiedsgeschenke: einen handgearbeiteten Dolch mit wunderschöner Scheide, wie ihn die Tibeter traditionell an ihrem Gürtel tragen, Bildpostkarten und einen kostbaren Khatag. Mit Tränen in den Augen bittet man mich wiederzukommen.

Auf dem Weg zurück ins Hotel werde ich von Phungyal begleitet. Wir machen ein paar Umwege, weil er mir einige der noch erhaltenen alten Gebäude zeigen möchte. So steht an der Südseite des Barkhor noch die Residenz seines Großvaters. Auch das Haus, das früher die nepalesische Botschaft beherbergte, ist erhalten, heute aber in zahlreiche kleine Wohnungen aufgeteilt. In dem stattlichen Innenhof wachsen Bäume. Phungyal lehrt mich die Unterschiede sehen zwischen den alten Gebäuden mit leicht sich zurücknehmenden Außenmauern und reich geschmückten Fensteröffnungen und den ohne Stilgefühl errichteten modernen Häusern, bei denen die tibetischen Zutaten aufgesetzt wirken. Als wir uns trennen, habe ich das Gefühl, daß Tibet ein Stück Heimat für mich geworden ist.

## Bildnachweis

Professor Dr. Jürgen Aschoff, Ulm: S. 88
Pierre Grunder, Kehrsatz: S. 97
Sebastian Lindau, Dresden: S. 64/65
Katja Oberwelland, Makawao Maoi, Hawaii: S. 141
Dhakpa Ott, Zollikonberg: S. 8, 168/169, 180/181, 185
Jaroslaw Poncar, Köln: S. 112
Dawa N. T. Sigrist, Tibet Culture & Trekking Tour, Zürich: S. 13, 24/25, 29, 48/49, 92/93, 124/125, 145, 152, 157, 196

## Literatur und Reisen
## im insel taschenbuch

Alt-Prager Geschichten. Gesammelt von Peter Demetz. Mit Illustrationen von Hugo Steiner-Prag. it 613

Alt-Wiener Geschichten. Gesammelt von Joseph Peter Strelka. Mit sechs farbigen Abbildungen. it 784

Ernst Batta: Römische Paläste und Villen. Annäherung an eine Stadt. Mit zahlreichen Abbildungen. it 1324

Bodensee. Reisebuch. Herausgegeben von Dominik Jost. Mit zahlreichen Abbildungen. it 1490

Bonn. Ein Städte-Lesebuch. Herausgegeben von Doris Maurer und Arnold E. Maurer. Mit zahlreichen Abbildungen. it 1224

Budapest. Reisebuch. Herausgegeben von Wilhelm Droste, Susanne Scherrer und Kristin Schwamm. Mit zahlreichen Fotografien. it 1801

Friedrich Dieckmann: Dresdner Ansichten. Spaziergänge und Erkundungen. Mit farbigen Fotografien. it 1766

Dresden. Ein Reisebuch. Herausgegeben von Katrin Nitzschke. Unter Mitarbeit von Reinhard Eigenwill. Mit zahlreichen Abbildungen. it 1365

Flandern. Lesarten einer Stadt. Herausgegeben von Werner Jost und Joost de Geest. it 1254

Florenz. Lesarten einer Stadt. Herausgegeben von Andreas Beyer. Mit zahlreichen Illustrationen. it 633

Florida. Reisebuch. Herausgegeben von Katharina Frühe und Franz Josef Görtz. Mit zahlreichen Abbildungen. it 1492

Theodor Fontane: Jenseit des Tweed. Bilder und Briefe aus Schottland. Mit zahlreichen Abbildungen und einem Nachwort herausgegeben von Otto Drude. it 1066

– Ein Sommer in London. Mit einem Nachwort von Harald Raykowski. it 1723

Georg Forster: Reise um die Welt. Herausgegeben und mit einem Nachwort von Gerhard Steiner. it 757

Frankfurt. Reisebuch. Herausgegeben von Herbert Heckmann. Mit zahlreichen Abbildungen. it 1438

Johann Wolfgang Goethe: Italienische Reise. Mit vierzig Zeichnungen des Autors. Herausgegeben und mit einem Nachwort versehen von Christoph Michel. it 175

Johann Wolfgang Goethe: Tagebuch der Italienischen Reise 1786. Notizen und Briefe aus Italien. Mit Skizzen und Zeichnungen des Autors. Herausgegeben und erläutert von Christoph Michel. it 176

– Kampagne in Frankreich 1792. Belagerung von Mainz. Herausgegeben und mit einem Nachwort von Jörg Drews. Mit zeitgenössischen Abbildungen. it 1525

## Literatur und Reisen
## im insel taschenbuch

Walter Haubrich / Eva Karnofsky: Die großen Städte Lateinamerikas. Sechzehn Städtebilder. Von Walter Haubrich und Eva Karnofsky. Mit farbigen Fotografien. it 1601

Hamburg. Ein Städte-Lesebuch. Herausgegeben von Eckart Kleßmann. it 1312

Victor Hehn: Olive, Wein und Feige. Kulturhistorische Skizzen. Herausgegeben von Klaus von See unter Mitwirkung von Gabriele Seidel-Leimbach. Mit farbigen Abbildungen. it 1427

Heidelberg-Lesebuch. Stadt-Bilder von 1800 bis heute. Herausgegeben von Michael Buselmeier. it 913

Heinrich Heine: Italien. Mit farbigen Illustrationen von Paul Scheurich. it 1072

Hermann Hesse: Luftreisen. Berichte und Gedichte. Herausgegeben und mit einem Nachwort versehen von Volker Michels. Mit zahlreichen Abbildungen. it 1604

– Mit Hermann Hesse durch Italien. Ein Reisebegleiter durch Oberitalien. Mit farbigen Fotografien. Herausgegeben von Volker Michels. it 1120

– Tessin. Betrachtungen, Gedichte und Aquarelle des Autors. Herausgegeben von Volker Michels. it 1494

Mit Hermann Hesse reisen. Betrachtungen und Gedichte. Herausgegeben von Volker Michels. it 1242

Erhart Kästner: Griechische Inseln. Aufzeichnungen aus dem Jahre 1944. Mit einem Nachwort von Heinrich Gremmels. it 118

– Kreta. Aufzeichnungen aus dem Jahre 1943. Mit einem Nachwort von Heinrich Gremmels. it 117

– Ölberge, Weinberge. Ein Griechenland-Buch. Mit Zeichnungen von Helmut Kaulbach. it 55

– Ölberge, Weinberge. Die Stundentrommel vom heiligen Berg Athos. 2 Bände in Kassette. it 55/56

– Die Stundentrommel vom heiligen Berg Athos. it 56

Harald Keller: Die Kunstlandschaften Italiens. Toskana. Florenz. Umbrien. Rom. Lombardei. Emilia. Venedig. Zwei Bände in Kassette. Mit zahlreichen Abbildungen. it 1576

Kunstführer durch Sachsen und Thüringen. Herausgegeben von Katharina Flügel. Mit farbigen Abbildungen. it 1327

London. Eine europäische Metropole in Texten und Bildern. Herausgegeben von Norbert Kohl. it 322

## Literatur und Reisen
## im insel taschenbuch

Doris Maurer / Arnold E. Maurer: Literarischer Führer durch Italien. Ein Insel-Reiselexikon. Mit zahlreichen Abbildungen, Karten und Registern. it 1071

Günter Metken: Reisen durch Europa. Andere Wege zu Kunst und Kultur. Von Günter Metken. Mit zahlreichen Fotografien. it 1572

Mit Fontane durch die Mark Brandenburg. Herausgegeben von Otto Drude. Mit farbigen Fotografien von Christel Wollmann-Fiedler. it 1798

Mit Rilke durch das alte Prag. Herausgegeben von Hartmut Binder. Mit zahlreichen Abbildungen. it 1489

Michel de Montaigne: Tagebuch einer Reise durch Italien. Aus dem Französischen von Otto Flake. it 1074

Moskau. Ein literarischer Führer. Von Sigrun Bielfeldt. Mit zahlreichen Abbildungen. it 1382

München. Ein Lesebuch. Herausgegeben von Reinhard Bauer und Ernst Piper. Mit zahlreichen Abbildungen. it 827

Ernst Penzoldt: Sommer auf Sylt. Liebeserklärungen an eine Insel. Mit farbigen Zeichnungen des Verfassers. Herausgegeben von Volker Michels. it 1424

Potsdam. Ein Reisetagebuch. Herausgegeben von Doris Maurer und Arnold E. Maurer. Mit farbigen Abbildungen. it 1432

Prag. Ein Lesebuch. Herausgegeben von Jana Halamicková. Mit zahlreichen Abbildungen. it 994

Reisen durch Deutschland. Von Gustav Faber. Mit farbigen Fotografien. it 1595

Reisen mit Mark Twain. Für Reiselustige ausgewählt und zusammengestellt von Norbert Kohl. it 1594

Rom. Ein Städte-Lesebuch. Herausgegeben von Michael Worbs. it 921

Salzburg. Ein Städte-Lesebuch. Herausgegeben von Adolf Haslinger. Mit zahlreichen Abbildungen. it 1326

Schwarzwald und Oberrhein. Literarischer Führer. Herausgegeben von Hans Bender und Fred Oberhauser. Mit zahlreichen Abbildungen. it 1330

Sommerliebe. Zärtliche Geschichten. Für den Reisekoffer gepackt von Franz-Heinrich Hackel. it 1596

Südtirol. Ein literarisches Landschaftsbild. Herausgegeben von Dominik Jost. it 1317

Toskana. Ein literarisches Landschaftsbild. Herausgegeben von Andreas Beyer. Mit Fotografien von Loretto Buti. it 926

## Literatur und Reisen
## im insel taschenbuch

Trier. Deutschlands älteste Stadt. Herausgegeben von Michael Schroeder. Mit zahlreichen Fotografien. it 1574

Tübingen. Ein Städte-Lesebuch. Herausgegeben von Gert Ueding. Mit zahlreichen Abbildungen. it 1246

Tunesien. Ein Reisebuch. Herausgegeben von Hans-Ulrich Wagner. it 1802

Mark Twain: Reisen ums Mittelmeer. Vergnügliche Geschichten. Ausgewählt von Norbert Kohl. it 1799

Umbrien. Ein Reisebuch. Herausgegeben von Isolde Renner. Mit zahlreichen Abbildungen. it 1491

Venedig. Herausgegeben von Doris Maurer und Arnold E. Maurer. Mit zahlreichen Abbildungen. it 626

Venedig. Literarischer Führer. Herausgegeben von Doris Maurer und Arnold E. Maurer. Mit farbigen Abbildungen. it 1413

Warum in die Ferne? Das Lesebuch vom Daheimbleiben. Eingerichtet von Hans Christian Kosler. it 1332

Die Welt der Museen. Herausgegeben von Joachim Rönneper. it 1493

Westfalen. Ein Reiselesebuch. Herausgegeben von Hans Georg Schwark und Fred Oberhauser. Mit zahlreichen Abbildungen. it 1394

Wien. Ein Reisebuch. Herausgegeben von Joseph Peter Strelka. Mit farbigen Fotografien. it 1573

Wien im Gedicht. Herausgegeben von Gerhard C. Krischker. it 1488

Wiener Adressen. Ein kulturhistorischer Wegweiser. Von Dietmar Grieser: it 1203

# Biographien, Leben und Werk
## im insel taschenbuch

Peter Altenberg. Leben und Werk in Texten und Bildern. Herausgegeben von Hans Christian Kosler. it 1854

Lou Andreas-Salomé: Lebensrückblick. Grundriß einiger Lebenserinnerungen. Aus dem Nachlaß herausgegeben von Ernst Pfeiffer. Neu durchgesehene Ausgabe mit einem Nachwort des Herausgebers. it 54

– Rainer Maria Rilke. Mit acht Bildtafeln im Text. Herausgegeben von Ernst Pfeiffer. it 1044

Elizabeth von Arnim: Elizabeth und ihr Garten. Aus dem Englischen von Adelheid Dormagen. it 1293 und Großdruck. it 2338

Angelika Beck: Jane Austen. Leben und Werk in Texten und Bildern. it 1620

Marian Brandys: Maria Walewska. Napoleons große Liebe. Eine historische Biographie. it 1835

Bertolt Brecht. Sein Leben in Bildern und Texten. Mit einem Vorwort von Max Frisch. Herausgegeben von Werner Hecht. it 1122

Die Schwestern Brontë. Leben und Werk in Texten und Bildern. Herausgegeben von Elsemarie Maletzke und Christel Schütz. it 814

Robert de Traz: Die Familie Brontë. Eine Biographie. Aus dem Französischen von Maria Arnold. Mit einem Beitrag von Mario Praz und zahlreichen Abbildungen. it 1548

Georg Büchner. Leben und Werk in Texten und Bildern. Von Reinhold Pabst. it 1626

Hans Carossa: Ungleiche Welten. Lebensbericht. it 1471

Benvenuto Cellini: Leben des Benvenuto Cellini florentinischen Goldschmieds und Bildhauers. Von ihm selbst geschrieben, übersetzt und mit einem Anhange herausgegeben von Johann Wolfgang Goethe. Mit einem Nachwort von Harald Keller. it 525

Cézanne. Leben und Werk in Texten und Bildern. Von Margret Boehm-Hunold. it 1140

George Clémenceau: Claude Monet. Betrachtungen und Erinnerungen eines Freundes. Mit farbigen Abbildungen und einem Nachwort von Gottfried Boehm. it 1152

Sigrid Damm: Cornelia Goethe. it 1452

– »Vögel, die verkünden Land.« Das Leben des Jakob Michael Reinhold Lenz. it 1399

Joseph von Eichendorff. Leben und Werk in Texten und Bildern. Herausgegeben von Wolfgang Frühwald und Franz Heiduk. it 1064

## Biographien, Leben und Werk
## im insel taschenbuch

Elisabeth von Österreich. Tagebuchblätter von Constantin Christomanos. Herausgegeben von Verena von der Heyden-Rynsch. Mit Beiträgen von E. M. Cioran, Paul Morand, Maurice Barrès und Ludwig Klages. Mit zeitgenössischen Abbildungen. it 1536

Die Familie Mendelssohn. 1729 bis 1847. Nach Briefen und Tagebüchern herausgegeben von Sebastian Hensel. Mit einem Nachwort von Konrad Feilchenfeldt. it 1671

Theodor Fontane: Kriegsgefangen. Erlebnisse 1870. Herausgegeben von Otto Drude. Mit zahlreichen Abbildungen. it 1437

– Meine Kinderjahre. Autobiographischer Roman. Mit einem Nachwort von Otto Drude. it 705

Theodor Fontane. Leben und Werk in Texten und Bildern. Von Otto Drude. it 1660

Frauen mit Flügel. Lebensberichte berühmter Pianistinnen. Von Clara Schumann bis Clara Haskil. Herausgegeben und mit einem Nachwort von Eva Rieger und Monica Steegmann. it 1714

Sigmund Freud. Sein Leben in Bildern und Texten. Herausgegeben von Ernst Freud, Lucie Freud und Ilse Grubrich-Simitis. Mit einer biographischen Skizze von K. R. Eissler. Gestaltet von Willy Fleckhaus. it 1133

Dagmar von Gersdorff: Marie Luise Kaschnitz. Eine Biographie. Mit zahlreichen Abbildungen. it 1887

Klaus Goch: Franziska Nietzsche. Eine Biographie. Mit zahlreichen Abbildungen. it 1623

Goethe. Sein Leben in Bildern und Texten. Vorwort von Adolf Muschg. Herausgegeben von Christoph Michel. Gestaltet von Willy Fleckhaus. it 1000

Manfred Wenzel: Goethe und die Medizin. Selbstzeugnisse und Dokumente. Herausgegeben von Manfred Wenzel. Mit zahlreichen Abbildungen. it 1350

Herman Grimm: Das Leben Michelangelos. it 1758

Gernot Gruber: Mozart. Leben und Werk in Texten und Bildern. it 1695

Klaus Günzel: Die Brentanos. Eine deutsche Familiengeschichte. Mit zahlreichen Abbildungen. it 1929

Adele Gundert: Marie Hesse. Die Mutter von Hermann Hesse. Ein Lebensbild in Briefen und Tagebüchern. Mit einem Essay von Siegfried Greiner und Illustrationen von Gunter Böhmer. it 261

Heinrich Heine. Leben und Werk in Daten und Bildern. Von Joseph A. Kruse. Mit farbigen Abbildungen. it 615

## Biographien, Leben und Werk
## im insel taschenbuch

Hermann Hesse. Sein Leben in Bildern und Texten. Mit einem Vorwort von Hans Mayer. Herausgegeben von Volker Michels. it 1111

Volker Michels: Hermann Hesse. Leben und Werk im Bild. Mit dem ›kurzgefaßten Lebenslauf‹ von Hermann Hesse. it 36

Hölderlin. Chronik seines Lebens mit ausgewählten Bildnissen. Herausgegeben von Adolf Beck. it 83

Eckart Kleßmann: E.T.A. Hoffmann oder Die Tiefe zwischen Stern und Erde. Eine Biographie. Mit zahlreichen Abbildungen. it 1732

Peter Huchel. Leben und Werk in Texten und Bildern. Herausgegeben von Peter Walther. it 1805

Kirsten Jüngling / Brigitte Roßbeck: Elizabeth von Arnim. Biographie. Mit zahlreichen Photographien. it 1840

Erhart Kästner. Leben und Werk in Daten und Bildern. Herausgegeben von Anita Kästner und Reingart Kästner. it 386

Marie Luise Kaschnitz: Tage, Tage, Jahre. Aufzeichnungen. it 1453

Katharina die Große: Memoiren. Aus dem Französischen und Russischen übersetzt von Erich Boehme. Mit einem Nachwort von Hedwig Fleischhacker. it 1858

Harry Graf Kessler: Tagebücher 1918-1937. Herausgegeben von Wolfgang Pfeiffer-Belli. it 1779

Gisela Kleine: Gabriele Münter und die Kinderwelt. Mit farbigen Abbildungen. it 1924

– Gabriele Münter und Wassily Kandinsky. Biographie eines Paares. Mit farbigen Abbildungen. it 1611

Eckart Kleßmann: Die Mendelssohns. Bilder aus einer deutschen Familie. Mit zahlreichen Abbildungen. it 1523

Werner Koch: Lawrence von Arabien. Leben und Werk in Texten und Bildern. Mit einem Bildteil und Lebensdaten von Michael Schroeder. it 1704

Cordula Koepcke: Lou Andreas-Salomé. Leben. Persönlichkeit. Werk. Eine Biographie. it 905

Oskar Kokoschka. Leben und Werk in Daten und Bildern. Herausgegeben von Norbert Werner. it 909

Monique Lange: Edith Piaf. Die Geschichte der Piaf. Ihr Leben in Texten und Bildern. Aus dem Französischen von Hugo Beyer. Mit einer Discographie. it 516

Mütter berühmter Männer. Zwölf biographische Porträts. Herausgegeben von Luise F. Pusch. it 1356

Jean Orieux: Das Leben des Voltaire. Aus dem Französischen von Julia Kirchner. Mit einer Zeittafel und einem kommentierten Personenregister. it 1651

## Biographien, Leben und Werk
## im insel taschenbuch

Ernst Penzoldt. Leben und Werk in Texten und Bildern. Herausgegeben von Ulla Penzoldt und Volker Michels. it 547

August von Platen: Memorandum meines Lebens. Herausgegeben von Gert Mattenklott und Hansgeorg Schmidt-Bergmann. it 1857

Renate Wiggershaus: Marcel Proust. Leben und Werk in Texten und Bildern. it 1348

Gwen Raverat: Eine Kindheit in Cambridge. Roman. Aus dem Englischen übertragen von Leonore Schwartz. it 1592

Requiem für eine romantische Frau. Die Geschichte von Auguste Bußmann und Clemens Brentano. Nach gedruckten und ungedruckten Quellen überliefert von Hans Magnus Enzensberger. Aus neuen Funden ergänzt und mit einem Capriccio als Zugabe. it 1778

Rainer Maria Rilke. Leben und Werk im Bild. Von Ingeborg Schnack. Mit einer biographischen Einführung und einer Zeittafel. it 35

George Sand. Leben und Werk in Texten und Bildern. Von Gisela Schlientz it 565

Ida Schöffling: Katherine Mansfield. Leben und Werk in Texten und Bildern. it 1687

Arthur Schopenhauer. Leben und Werk in Texten und Bildern. Herausgegeben von Angelika Hübscher. it 1059

Misia Sert: Pariser Erinnerungen. Aus dem Französischen von Hedwig Andertann. Mit einem Bildteil. it 1180

Margarete Susman: Frauen der Romantik. Mit zahlreichen Abbildungen. it 1829

Töchter berühmter Männer. Neun biographische Porträts. Herausgegeben von Luise F. Pusch. it 979

Siegfried Unseld: Hermann Hesse. Werk und Wirkungsgeschichte. Revidierte und erweiterte Fassung der Ausgabe von 1973. Mit zahlreichen Abbildungen. it 1112

Voltaire. Leben und Werk in Texten und Bildern. Von Horst Günther. it 1652

Wilhelmine von Bayreuth: Eine preußische Königstochter. Glanz und Elend am Hofe des Soldatenkönigs in den Memoiren der Markgräfin Wilhelmine von Bayreuth. Aus dem Französischen von Annette Kolb. Neu herausgegeben von Ingeborg Weber-Kellermann. Mit Illustrationen von Adolph Menzel. it 1280

Virginia Woolf. Leben und Werk in Texten und Bildern. Herausgegeben von Renate Wiggershaus. it 932

Stefan Zweig. Leben und Werk im Bild. Herausgegeben von Donald Prater und Volker Michels. it 532